KB138566

공감
의
비극

차라리 악마가 되지 마라

공감의 비극

강준만 지음

인물과
사상사

'선택적 과잉 공감'의 비극

"나는 공감에 반대한다. 공감은 형편없는 도덕 지침이며 우리는 공감이 없을 때 더 공평하고 공정한 도덕적 판단을 내릴 수 있다." 미국 심리학자 폴 블룸이 『공감의 배신』(2016)이란 책에서 한 말이다. 그가 이런 주장을 칼럼을 통해 했을 때 한 사회학자는 블룸을 "지적 망신이자 도덕적 괴물"이라고 비난했다고 한다.[1]

왜 이런 비난이 나왔는지는 포털사이트에서 "공감 능력이 없다"는 문장으로 검색을 해보면 금방 알 수 있다. 공감 능력이 없다는 게 얼마나 심한 비난, 아니 욕인지 실감하실 게다. "공감 능력이 없다"는 말은 미국은 물론 한국에서도 정치적 비방의 용도로 자주 쓰이기도 하는데, '소시오패스'라는 딱지를 설명하기 위해 동원되기도 한다.

"공감 능력이 없다"는 말은 보수보다는 진보 쪽에서 더 많이 쓰는 욕이다. 미국 언어학자 조지 레이코프가 "공감은 진보적인 도덕적 세계관의 핵심이다"고 주장했듯이,[2] 주로 진보가 보수를 향해 자주 퍼붓는 비난 중의 하나가 바로 공감 능력의 결여다. 그러나 최근 들어 공감에 대해 다시 생각해보자는 움직임이 활발해지고 있다. 공감의 그늘이 너무 짙기 때문일 게다.

독일의 인지과학자 프리츠 브라이트하우프트는 『나도 그렇게 생각한다: 공감의 두 얼굴』(2017)이란 책에서 "공감은 자아 상실로 이어질 수 있으며, 흑백 사고, 또는 '친구 아니면 적'이라는 식의 사고방식을 보인다"며 "공감 능력이 없어서가 아니라 오히려 공감 능력이 있기 때문에 비인간적인 일들이 벌어진다"고 주장한다.[3]

과학철학자이자 진화생물학자인 장대익이 2022년 10월 말에 출간한 『공감의 반경: 느낌의 공동체에서 사고의 공동체로』라는 책은 블룸이나 브라이트하우프트보다

헌 걸음 더 나아간 고민의 결실을 보여주고 있다는 점에서 주목할 만하다. 이 책을 "'타인이라는 지옥'에서 '타인이라는 복지'로의 변환을 상상하는 모든 세계 시민에게" 바치겠다는 데에서 알 수 있듯이,⁴ 저자의 목표는 야심만만하다.

현재 한국 사회에서 벌어지고 있는, 증오와 혐오의 집단적 갈등이 바람직하거나 생산적인 수준의 것이라고 생각하는 사람은 이 책을 읽을 필요가 없다. 그런 사람들에게 이 책은 '쓸데없는 걱정'을 하는 것에 지나지 않을 테니까 말이다. 그러나 우리의 편 가르기와 그에 따른 국민적 차원의 집단 패싸움에 대해 심각한 문제의식을 갖고 있는 사람이라면 이 책에서 그 어떤 해결의 실마리를 찾을 수 있을 것이다. 장대익은 "우리의 편 가르기는 내집단에 대한 과잉 공감에서 온다"며 이렇게 말한다.

"공감은 일종의 인지 및 감정을 소비하는 자원이므로 무한정 끌어다 쓸 수 없다. 따라서 자기가 속한 집단에 대해 공감을 과하게 쓰면 다른 집단에 쓸 공감이 부족해진다. 자기 집단에만 깊이 공감하는 것이다. 대한민국의 최근 상황이 딱 이렇다. 특정 정치인을 둘러싸고 광화문과 서초동

법원으로 갈라진 무리를 보지 않았는가? 이 두 광장의 갈등은 내집단에 대한 공감이 너무 강해서 생기는 현상이다."[5]

그렇다. 공감 그 자체가 문제될 건 없지만, 문제는 우리 대부분이 자주 선택적 과잉 공감을 한다는 데에 있다. 우리 편에 대해선 무한대의 공감을 하지만 반대편에 대해선 공감은커녕 최소한의 이해조차 하지 않으려고 한다. 어떻게 해서건 악의적으로 해석함으로써 자신이 자기편에 대해 이미 쏟은 무한대의 공감을 정당화하고 미화하려고 한다. 심지어 반대편에 대해 비인간적으로 잔인해지는 것도 마다하지 않는다. 그러려면 차라리 그 어느 쪽에도 공감하지 않는 게 훨씬 더 나은 게 아닐까? 그래, 차라리 공감하지 마라. 아니 정중하고 간곡한 자세로 호소하고 싶다. "제발 선택적 과잉 공감은 자제해주십시오!"

그런 선택적 과잉 공감에 브레이크를 걸 수는 없을까? 장대익은 감정이입과 같은 정서적 공감을 넘어서 역지사지와 같은 인지적 공감으로 나아가야 한다고 역설한다. 그는 내집단 편향을 만드는 깊고 감정적인 공감을 바깥쪽에서 안쪽으로 향하는 힘으로 보아 공감의 '구심력'으로,

외집단을 고려하는 넓고 이성적인 공감을 안쪽에서 바깥쪽으로 향하는 힘으로 보아 공감의 '원심력'으로 부른다. 그러면서 이런 해법을 제시한다. "공감의 구심력보다는 원심력을 만들어야 한다. 우리에게 필요한 건 공감의 깊이가 아니라 넓이다."[6]

물론 쉽지 않은 일이다. 하지만 지금 우리가 목격하고 있는 '선택적 과잉 공감'의 비극을 이대로 방치할 수는 없는 일 아닌가? 기존의 맹목적 공감 예찬론에서 벗어나 자신의 현 공감 상태가 위험한 것일 수 있다는 가능성만 인정해주어도 많은 게 달라질 수 있다. 선택적 과잉 공감은 아예 그 어떤 공감도 하지 않는 것보다 더 위험할 수 있다는 인식의 전환이 이루어지면 좋겠다.

그런 문제의식을 다룬 이 책은 내가 최근 몇 년간 집중하고 있는 주제의 연장선상에 놓여 있다. 그 주제를 사자성어로 표현하자면, 화이부동和而不同이나 역지사지易地思之라고 할 수 있겠다. 인기 없는 주제라는 걸 잘 안다. 정치 팬덤이나 정치·사회적 관심이 많은 사람들은 그 어떤 숭고한 뜻을 갖고 있다 하더라도 종국엔 그 뜻의 실현에 방해가 되는 사람이나 세력에 대한 증오와 혐오를 먹고산다고 해도 과언이 아니잖은가?

유튜브 채널이건 그 무엇이건 당신이 즐겨 보거나 듣는 미디어 채널이 있다면 가슴에 손을 얹고 말씀해보시라. 당신이 그 채널이나 그 채널의 주인공을 좋아하는 이유는 무엇인가? 화이부동이나 역지사지처럼 말은 그럴듯하지만, 당신의 속을 후련하게 해주기는커녕 오히려 정반대로 답답하게 해주는 메시지 때문인가? 그럴 리 없다. 당신의 속이 후련해지려면 누군가를 증오하거나 혐오해야만 한다. 당신은 정의의 편이고, 그들은 불의나 악의 편이다. 고로 당신의 증오·혐오는 문제될 게 없으며 정의롭거나 아름다운 것이다.

그런 생각에 대한 반론이라고 할 수 있는 이 책은 다음 6개 장으로 구성되어 있다. 「제1장 마주 보며 달리는 기차는 세워야 한다」, 「제2장 정치인의 언어와 화법」, 「제3장 증오를 위한 공감인가?」, 「제4장 바보야, 문제는 '성격'이야!」, 「제5장 위선과 사기가 난무하는 '지방 문제'」, 「제6장 언론인으로 살아가기 어려운 세상」. '선택적 과잉 공감'의 유혹을 거부하면서 증오·혐오의 발산을 정의 실천으로 착각하지 않는 사람이 많아지면 좋겠다.

2023년 3월

강준만

차례

제
1
장

마주 보며
달리는
기차는
세워야 한다

마주 보며 달리는 기차는 세워야 한다

2022년 11월 24일 『한겨레』 '왜냐면'에 실린 독자 유정민 씨의 「성한용·강준만 칼럼에 부쳐: 달리는 기차 위에 중립은 없다」는 글을 잘 읽었다.[1] 깊이 감사의 말씀을 드린다. 그러잖아도 나의 글쓰기에 관한 글을 쓰고 싶었다. 행여 '자기 과대평가'로 여겨지는 게 아닌가 싶어 망설이던 중 자연스럽게 말할 기회를 주셨으니 이만저만 고마운 게 아니다. 제게 주신 고언에 답을 드리고자 한다.

　나는 유씨가 나를 비판하기 위해 인용한 미국 역사학

자 하워드 진의 "달리는 기차 위에 중립은 없다"는 시각이나 사고의 틀을 현 한국 사회에 적용하는 것에 반대한다. 진의 책은 1950년대 후반과 1960년대에 직접 겪은 일들과 생각을 담은 '자전적 역사 에세이'이며, 그가 중립에 반대한 주제는 인종차별과 정의롭지 못한 전쟁이었다.[2] 나 역시 그런 문제라면 "달리는 기차 위에 중립은 없다"고 생각하며, 선악 이분법은 불가피하다고 믿는다. 그러나 현 한국 정치를 이해하고 평가하는 데에 그런 이분법을 쓰는 건 매우 위험하다는 게 내 생각이다.

물론 오늘날에도 그런 이분법이 필요할 때가 있기는 하다. 예컨대, 특정 지역민을 모독하고 비하하는 짓을 평가하는 데에 중립은 있을 수 없다. 나는 사적 영역에선 그런 짓을 하는 사람들을 향해 핏대를 올리면서 거친 욕설을 퍼붓는다. 하지만 정치는 다르다. 다른 생각을 가진 사람들을 존중해야 한다. 지금 우리는 '민주화 이후의 민주주의 시대'를 살고 있지 않은가. 민주화 투쟁을 했거나 지지했던 분들은 과거의 경험과 기억 때문에 반대편 정치 세력이나 그 지지자들을 존중하기 어렵겠지만, 그런 반감은 직접

표출하기보다는 선거에서 일구어낸 승리를 통해 해소하는 게 바람직하다.

선거에서 승리하려면 우리 편이 잘하도록 애써야 한다. 물론 반대편에 대한 공격도 필요하겠지만, 우리 편이 잘하도록 하는 게 우선이다. 그래야 반대편 공격도 효과를 볼 수 있다. 그런데 언제부턴가 한국 정치에선 우리 편이 잘하도록 애쓰는 게 실종되고 말았다. 우리 편 내부에서 어떤 일이 벌어지건 우리 편은 무조건 옹호하고 반대편은 무조건 공격하는 게 정치와 참여 행위의 전부가 되고 말았다. 그 과정에서 자기 성찰과 반성은 씨가 말라버렸다.

적어도 '조국 사태' 이후 진보 진영 일각엔 "이런 식으로 가면 문재인 정권은 망한다"며 필펄 뛴 소수의 사람들이 있었다. 그들이 옳았다. 그러나 망하는 길을 택한 다수의 사람들은 그걸 인정하지 않았을 뿐만 아니라 여전히 그들을 '배신자'로 비난하기에 바쁘다. 자신들의 과오에 대한 면죄부를 얻으려는 이기적 탐욕 때문인가? 문재인 정권을 망하는 길로 몰아간 주동자들은 고개를 떨구기는커녕 오히려 고개를 빳빳이 쳐들고 윤석열 정권을 공격하는 증오·혐오의 선동에 몰두하고 있다. 윤석열 정권 비판은 백번 옳지만 '윤석열 퇴진'을 외치는 게 국익은 물론 당파적 이익에도 도움이 될 거라고 생각하는 걸까? 혹 똑같은 과오를 반복하는 건 아닐까?

진보 언론도 성찰과 반성을 모른다. 칼럼들은 매일같이 윤석열과 윤석열 정권 비판 일색이다. 윤석열이 비판할 만한 언행들을 풍성하게 제공해주고 있으니, 그런 '비판 일색'이 옳다고 믿는 걸까? 우리 편이 잘하는지도 살펴보아야 하는 게 아닐까? 민주당에선 윤석열 정권 못지않게 한심한 일들, 특히 민주당을 이재명 개인을 위해 존재하는 '이재명의 민주당'으로 만드는 반反정치와 '개인 숭배'의 극단적 사태가 벌어지고 있지만 이에 대해선 별 말이 없다. 권력은 정부 여당이 갖고 있기 때문에 정부 여당 비판에 집중하는 게 옳다는 건가? 문재인 정권 때도 그랬던가?

나는 문제의 내 칼럼이 서평 기사로 적절했다는 유씨의 비판엔 일리가 있다고 보지만, 그것을 '시의성'을 무시한 '최근 시국에 대한 침묵'으로 보는 것엔 동의하지 않는다. 지금 윤석열·국민의힘과 이재명·민주당은 서로 마주 보며 달리는 기차와 같다고 보기 때문이다. 나는 마주 보며 달리는 기차는 세워야 하며, 글을 통해서나마 그런 일에 일조해야 한다고 생각해왔다. 그간 내가 쓴 글의 대부분은 '증오·혐오 정치'에 대한 비판이었다. 다만 나는 『한겨레』에선 직설법을 피하려고 애를 썼고, 그래서 서평 형식의 글을 선호했다. 독자에 대한 예의 때문이다.

다수 독자들은 내심 "우리의 마음에 풍파를 일으키지 마라. 그저 우리가 믿고 있는 바들을 더 많이 보여달라. 우리를 결집시킬 내용을 달라"고 외치고 있다.[3] 그런 만족감을 원하는 독자들께 나는 결코 좋은 필자는 아니다. 그래서 기고를 중단할까 하는 생각도 여러 차례 했지만, 소수도 존중하는 다양성의 가치를 포기할 순 없었다. 다수 독자께 늘 미안한 마음이지만, 우리 모두 기존 '전쟁으로서의 정치' 모델을 의심하면서 다름을 인정하는 관용을 실천하면 좋겠다.

신념은 소유물이 아니다

김대중이 대통령 되기 전의 이야기다. 내 주변에 김대중을 몹시 싫어하는 사람이 있었다. 내가 물었다. 혹 일가친척 중 김대중에게 사기를 당한 사람이 있느냐? 없다고 했다. 김대중이 당신이 잘 아는 누군가를 때렸는가? 아니라고 했다. 그런데 왜 그렇게 열정적으로 김대중을 욕하는가?

이 화법을 최근에 써먹을 기회가 있었다. 내가 사는 전북은 2022년 대선에서 이재명에게 83퍼센트의 몰표를 준 지역인지라 윤석열을 비난하는 사람이 많다. 그런 비난에 동의할 때가 많긴 하지만, 윤석열을 '악마화'하는 열정을 보이는 이들을 만나면 어이가 없어 묻는다. 사기를 당한 적이 있는가? 폭력을 당한 적이 있는가?

자신이 윤석열을 비난하는 이유는 공적인 것이라나. 들어보니 사회적 약자에 대한 애정이 매우 강한 것처럼 보인다. 그래서 물었다. 문재인 정권 땐 어떻게 살 수 있었는가? 문재인 정권은 역대 정권들 가운데 수도권의 무주택자들에게 가장 심한 고통을 안겨준 정권 아닌가?

이 정도에서 그치고 화제를 급전환해야지 더 들어가면 위험해진다. 철학자 리 매킨타이어는 『지구가 평평하다고 믿는 사람과 즐겁고 생산적인 대화를 나누는 법』(2021)에서 "누군가의 신념에 도전하는 것은 그 사람의 정체성에 도전하는 일이라는 사실을 기억하라!"고 경고하지 않았던가?[4]

누군가의 신념에 도전하는 것은 소유욕과 이기심에 대한 도전이기도 하다. 2012년 7월 대선 유세 중이던 버락 오바마는 연설에서 "'당신은 자기 신념을 의식적으로 선택하지 않았음You Didn't Think Your Way to That'을 깨달음으로써 그것을 소유물처럼 여기지 않도록 힘쓰라"고 했다. 당시 쓰이던 "당신은 그것을 만들지 않았다You didn't build that"는 문구에 빗댄 언어유희였다.[5]

언어유희라고 하지만 사회과학적 근거가 있는 말이다. "신념은 소유물과 같다." 심리학자 로버트 애빌슨이 1986년에 발표한 논문 제목이다. 당신이 아끼는 물건, 특히 명품에 대해 누가 흠을 잡으면서 비난한다고 생각해보라. 보통 사람이라면 열 받는 게 정상이다.

행동경제학에 '소유 효과endowment effect'라는 게 있다.

자신의 소유물에 더 높은 가치를 부여하는 걸 말한다. '머그컵 실험'을 보자. 한 그룹의 학생들에게는 학교 로고가 새겨진 머그컵을 주고 그들에게 얼마에 팔겠느냐고 물었다. 다른 그룹의 학생들에게는 그 머그컵을 사려면 얼마를 낼 생각이냐고 물었다. 머그컵을 가진 학생들은 단지 몇 분간 머그컵을 만졌을 뿐인데도 약 1.7배에서 많게는 16.5배 정도 더 높게 가치를 책정했다.[6]

그런데 우리는 물건에 대해 그러하듯이 생각이나 믿음에 대해서도 소유욕과 보호 본능이 강하다. 성공한 기업가가 성공 이유를 자신의 독보적인 창의성과 노력 덕택이라고 믿는 것처럼 우리는 스스로 자신의 신념을 의식적으로 선택했다고 믿으며, 과도한 의미를 부여하는 경향이 있다. 우연히, 남들 따라 또는 주변에서 고립되지 않기 위해 갖게 된 생각일 뿐인데도 말이다.

신념을 소유물처럼 대하는 것은 소통의 결정적 장애 요인이다. 정치적 갈등만 벌어지면, 의인義人을 자처하는 이들이 소셜미디어 등을 통해 쏟아내는 화려한 신념의 대향연을 보라. 소통의 뜻은 눈곱만큼도 없다. "나는 선하지만, 너는 악해. 나는 정의의 편이지만, 너는 불의의 편이야"
라는 식의 오만한 자기과시, 반대편에 대한 비난·모욕·혐
오가 흘러넘친다. 평소 괜찮게 보았던 지식인이 "아, 겨우
저런 수준의 사람이었단 말인가!"라는 깨달음을 뒤늦게나
마 갖게 해준 건 고맙지만, 많은 사람이 망가지는 사태를
지켜보면서 기분이 좋을 수는 없다.

　"나는 신념이 있다. 나는 나의 신념으로 모든 것을 할
수 있다." 미국의 자기계발 전문가 로버트 앨런의 『성공하
는 사람들의 좋은 습관』(2009)에 나오는 말이다. 그는 "이
마술적인 말은 이 세상에서 열등감을 제거하는 가장 강력
한 치료제"라며 "매일 열 번씩 이 구절을 복창하라"고 권한
다.[7] 그래, 바로 그거다. 나는 이런 주장엔 별 이의가 없다.
자기계발을 위해 갖는 신념의 부작용은 그 신념의 주인공
에게만 국한되기 때문이다. 하지만 남들이나 사회를 생각
한다며 갖는 신념은 다르다. 그런 이타적 신념의 실천을 이
기적 소유욕으로 밀어붙이는 사람들은 많은 사람에게 큰
피해를 끼칠 수 있다. 돈 욕심은 얼마든지 부려도 좋으니,
신념에 대해선 무소유 정신을 조금이나마 갖는 게 좋겠다.

'공무원의 영혼 보호법'이 필요한가?

"간단한 불복종, 예컨대 단순히 관습에 무릎 꿇기를 거부하는 것도 하나의 의무이다." 영국 철학자 존 스튜어트 밀이 『자유론』(1859)에서 한 말이다. 그는 '여론의 압력'을 우려하면서, 영국의 교육은 사람들이 "이제 같은 것을 읽고, 같은 것을 듣고, 같은 것을 보며, 같은 곳에 가고, 그래서 희망과 공포의 대상이 같아졌을" 정도로 이미 획일화되었다고 주장했다. 그는 반대자와 이단자를 옹호하며, "희생물에 일제히 달려드는 떼거리에 대한 증오"를 표명했다.[8]

그러나 세상은 밀이 원하는 방향으로 흘러가진 않았다. 20세기의 세상은 오히려 정반대의 방향으로 치닫기도 했다. 절대적 복종을 요구하면서 획일화를 찬양한 파시즘 체제의 등장은 인간이 군집 행동을 하는 동물과 크게 다를 게 없으며, 훨씬 더 잔인한 동물이기도 하다는 걸 웅변해주었다.

이탈리아의 독재자 무솔리니는 복종의 이유를 설명할 때 "너는 복종해야 하기 때문에 복종해야 한다"고 말했으며,[9] 그의 독재 치하에서 살던 이탈리아인들은 "무솔리니는 항상 옳다"는 말을 들으며 살아야 했다. 그 결과는 우리가 알고 있는 바와 같다. 이탈리아와 독일에서 벌어진 파시즘 광기의 비극에 대해 영국의 과학자이자 작가인 C. P. 스노는 "인간의 길고 어두운 역사를 돌이켜보면, 반란이라는 이름보다 복종이라는 이름으로 저질러진 끔찍한 죄악이 훨씬 더 많음을 알 수 있다"고 했다.[10]

프랑스 작가 조르주 베르나노스도 비슷한 말을 했다. 그는 "만약 인류의 파괴 기술이 점점 더 발달해서 언젠가 인류가 이 지구상에서 사라진다면, 그 멸종의 원인은 인간의 잔인성 때문이 아니다. 그 잔혹함이 일으킨 분노, 그리고 그 분노가 가져올 보복 때문은 더욱 아니다"며 다음과 같이 말했다.

"그것은 일반 대중의 온순함과 책임감의 결여, 그리고 모든 부당한 명령에 대한 비굴한 순종 때문이다. 우리가 지금까지 보아온 끔찍한 일들, 또 앞으로 일어날 더욱 전율할 만한 사건의 원인은, 이 세상 여러 곳에서 반항적이고 길들여지지 않은 사람의 수가 늘어나기 때문이 아니라, 오히려 온순하고 순종적인 사람의 수가 계속 늘어나고 있다는 데 있다."[11]

그렇다면 어떻게 해야 하는가? 엉뚱하게도 영국 작가 필립 쇼트의 마오쩌둥 전기를 읽다가 그 답을 찾을 수 있었다. 누구나 다 알 법한 뻔한 이야기이지만, 정치적 거물의 경험담이라는 점에서 새롭게 다가오는 힘이 있다. "내가 공개적으로 반항하면 아버지가 누그러졌지만, 내가 약하고 복종하는 태도를 보이면 아버지는 나를 더 때린다는 사실을 알게 되었다."

마오쩌둥은 13세 때 이런 일이 있었다고 털어놓았다. "어느 날 아버지가 손님을 여러 명 집으로 초대했다. 그날 나는 손님들이 보는 앞에서 아버지와 말다툼을 벌였다. 아버지는 많은 사람들 앞에서 내가 게으르고 쓸모없는 인간이라고 욕을 했다. 나는 엄청나게 화가 났다. 나는 아버지에게 욕을 하고는 집 밖으로 나와버렸다."

이후 어떤 일이 벌어졌던가? "아버지는 나를 따라오면서 욕을 퍼붓고 어서 집에 들어오라고 명령했다. 나는 연못가에 이르러서 더 가까이 오면 연못에 뛰어들겠다고 아버지를 위협했다.……아버지는 잘못을 사죄하고 복종의 의미로 땅에 머리를 대고 절하라고 말했다. 나는 아버지가 날 때리지 않겠다고 약속하면 한쪽 무릎만 꿇고 절을 하겠다고 대답했다."[12]

웃음을 자아내게 만드는 맹랑한 도발이었지만, 아버지의 폭력을 억제하는 큰 효과를 보았다고 하니 마오쩌둥의 슬기로움을 인정하지 않을 수 없다. 그런데 그렇게 아버지의 강압적인 복종 요구에 당당히 저항했던 소년이 성인이 되어 권력을 쥐자 중국 인민의 복종을 위해 문화대혁명이라는 희대의 폭력극을 벌인 걸 어찌 이해해야 할까? 자신처럼 공개적으로 반항하는 사람이 많지 않아서 그랬던 걸까? 참으로 안타까운 비극이다.

그럼에도 폭력을 줄이는 데엔 약하고 복종하는 태도보다는 공개적 저항이 훨씬 낫다는 그의 말은 옳거니와 사회 전반에 걸쳐 적용할 수 있는 원칙으로도 손색이 없다. 특히 공무원과 정권의 관계에서 필요한 원칙일 게다. 불법을 저지르는 정권이 공무원에게 부당한 명령을 내릴 때에 공무원은 무조건 복종해야 하는가? 오늘날 한국에서 "그렇다"고 답할 사람은 없을 게다. 하지만 그건 이론일 뿐 현실은 결코 녹록지 않다.

2017년 8월 문재인은 취임 후 처음으로 정부 부처 업무 보고를 받는 자리에서 "공직자는 정권에 충성하는 사람이 아니다"며 "공직자는 국민과 함께 깨어 있는 존재가 되어야지, 그저 정권의 뜻에 맞추는 영혼 없는 공무원이 되어선 안 될 것이다"고 했다.[13] 아름다운 말이었지만, 이는 '영혼 없는 말'이었다는 게 곧 드러나고 만다.

박근혜 정권의 국정 농단 사태 덕분에 집권한 문재인 정권은 처음엔 공무원의 영혼 문제와 관련해 야심만만했다. "공무원은 직무를 수행할 때 소속 상관의 직무상 명령에 복종하여야 한다"고 되어 있는 국가공무원법 제57조를 "직무상 명령이 위법한 경우 복종을 거부해야 한다"로 개정하려고 했다. 대통령이 주재한 국무회의에서 의결까지 받은 인사혁신처의 개정안은 "상관의 명령이 명백히 위법한 경우 이의를 제기하거나 따르지 않을 수 있으며 이로 인하여 어떠한 인사상 불이익도 받지 않는다"는 문구를 제57조에 추가했다.[14]

그러나 문재인 정권은 이상에만 치우쳐 현실 감각이 박약한 정권이었으며, 이 개정안 역시 그런 한계로 인해 곧 사라지고 말았다. 명령이 위법한지를 누가 어떻게 판단할 것인가? 위법의 경계선상에 놓여 전문가들조차 의견의 일치를 보기 어려운 명령이라면 약자의 위치에 있는 공무원이 무슨 수로 이의를 제기하거나 따르지 않을 수 있단 말인가? 명령에 따르지 않음으로써 받게 될 인사상 불이익이 시차를 두고 우회적으로 교묘하게 이루어진다면 피해자는 무슨 수로 피해 회복을 꾀할 수 있단 말인가?

개정안은 아마도 이런 의문들에 답하는 게 쉽지 않아서 사라졌겠지만, 동시에 문재인 정권도 공무원의 무조건 복종이 가져다줄 수 있는 이익을 포기할 수 없다는 정략적 사고의 유혹을 뿌리치기 어려웠을 것이다. 물론 현 시점에서 돌이켜 보자면 그 유혹에 굴복한 것이 독약이 되었다는 게 점점 분명해지고 있지만 말이다.

한동안 뜨거운 논란이 된 서해 공무원 피살 사건도 바로 그런 경우가 아닌지 살펴볼 필요가 있겠다. 이 사건이 일어났을 때 당시 국민의힘 비상대책위원장이었던 김종인은 "이번 만행은 북한군이 비무장 상태의 우리 국민을 총살하고 시신을 끔찍하게 화형시킨 패륜적 무력도발"이라며 "행여나 문재인 정부가 느닷없이 북한의 전통문과 진정성 없는 면피성 사과로 이번 사태를 덮으려 한다면 정권의 무덤을 스스로 파는 자해행위가 될 것"이라고 경고했다.[15]

2년 3개월 후에 벌어질 일을 내다본 김종인의 선견지명이 놀랍다. 물론 앞으로 더 두고 보아야 하겠지만, 전청와대 국가안보실장 서훈의 구속만으로도 충분히 충격적인 일이었다. 관련 분야의 공무원들이 부당하거나 미심쩍은 명령을 거부했더라면 그게 바로 문재인 정권을 살리는 길이었을 텐데 하는 안타까움을 금할 길이 없다. 그럼에도 우리는 잘 알고 있다. 그런 거부는 극소수 '영웅'에게나 가능한 것이지 보통의 공무원에겐 기대하기 어렵다는 걸 말이다.

그게 우리의 현실이요 문화임을 인정하는 게 좋겠다. 이걸 인정하고 들어가야 올바른 해법을 모색할 수 있을 테니 말이다. 사실 복종보다 무서운 건 순응이다. 형식적인 권위의 명령에 따르는 것이 복종이라면, 순응은 집단 내의 분위기반으로도 이루어지기 때문이다. 순응은 반복되면 체질로 굳어져 무조건적이고 자발적으로 작동한다. 순응을 할수록 요구하는 순응의 강도는 높아지게 되어 있다. 앞서 언급한 마오쩌둥의 도발이 필요한 이유가 바로 여기에 있다.

그거야 부자父子 관계에서나 가능한 게 아니냐는 반론이 있을 수 있다. 맞다. 조직에서 그런 위험 감수를 하기는 어려울 것이다. 그래서 불복종의 위험을 분산시키는 연대의 방안을 설계하고 이걸 공론화하는 작업이 필요하다. 윤석열 정권이 정정당당하게 서해 공무원 피살 사건을 대하고 있다면, 우선적으로 관심을 가져야 할 것은 공무원의 영혼에 대한 깊은 관심이다. 법적 보장노 좋겠지만 동시에 문화를 바꾸는 시노를 해야 한다. 복종과 순응을 요구하면 안 된다. 그건 자기모순이다. 이는 역지사지를 해보면 쉽게 이해할 수 있다. 정치인들부터 영혼을 회복해야 공무원들에게 영혼을 돌려주는 일도 가능할 것이다.

왜 한국 정치는 4류일까?

"상상력은 모든 인간 행동의 위대한 원천이며 진보의 주요한 근원이다."(듀갈드 스튜어트)[16] "과학자는 강렬한 직관적 상상력을 지녀야 한다."(막스 플랑크)[17] "과학에서의 모든 위대한 진보는 새롭고 대담한 상상력에서 나왔다."(존 듀이)[18] "상상력이 지식보다 더 중요하다."(알베르트 아인슈타인)[19] "상상력이야말로 인류 최대의 혜택이다."(알렉스 오스본)[20]

상상력을 예찬하는 명언은 무수히 많지만, 이상 소개한 5개 정도면 상상력의 중요성을 인증하는 데에 충분하리라 믿는다. 그런데 그 중요성을 빼고 상상력은 자주 오해되는 개념이다. 상상력을 얻을 수 있는 방법에 관한 오해가 가장 심한 것 같다. 스위스 작가 롤프 도벨리가 그 점을 다음과 같이 잘 지적했다.

"많은 사람들은 와인 한 잔으로 이성적 사고를 약간 늦출 때 상상력이 발동하리라고 생각한다. 하지만 그렇게 해서는 이미 생각했던 것들 외에 나올 것이 없다. 상상은 가능한 결과들을 끝까지 집중해서 생각하는 것이다. 상상력의 마지막 한 방울까지도 짜내서 말이다. 그렇다. 상상은 힘든 일이다."[21]

또 하나의 오해는 상상력이 필요한 분야에 관한 것이다. 과학·예술·대중문화·기업 분야에선 지나치다 싶을 정도로 많이 외쳐지고 있는 반면, 정치·리더십·사회운동·안전 분야에선 상상력의 필요성을 말하는 데 매우 인색한 편이다.

이미 500여 년 전 마키아벨리가 다음과 같이 말했다는 걸 상기해보기로 하자. "군 지휘관으로서 가장 중요한 자질이 무엇이냐고 묻는다면, 상상력이라고 대답하겠다. 하기야 이 자질의 중요성은 군 지휘관에만 한한 것은 아니나. 어떤 직업이나 상상력 없이 그 길에서 대성할 수는 없기 때문이다."[22]

미국의 지역사회 조직가인 솔 알린스키가 이런 말을 했다는 것도 유념할 필요가 있겠다. "한때 나는, 조직가가 필요로 하는 기본적 자질은 불의에 대해 마음으로부터 분노할 줄 아는 감각이며, 이것이 그를 유지시켜주는 근본적 욕구라고 믿었던 적이 있다. 이제 나는 기본적 자질이 분노가 아니라 상상력이라고 이해하고 있다."[23]

미국 제35대 대통령 존 케네디는 상상력을 진보를 위한 필수 요소로 지목하면서 이런 말을 남겼다. "이 세상의 문제들은 아마 명백한 현실에 의해 시야가 제한받는 회의론자들이나 냉소주의자들의 힘으로는 풀 수 없을 것이다. 우리에게는 결코 일어나지 않았던 것들을 꿈꿀 수 있는 사람들이 필요하다."[24]

테러 등과 같은 참사나 경제 위기는 어떤가? 미국 국가안보회의는 정부가 2001년 9·11 테러 공격을 알아차리지 못한 것은 '상상력의 실패'라고 결론 내렸다. 그래서 이후 미국 정부는 테러리스트들의 추가 도발을 예측하기 위해 SF소설 작가, 할리우드 시나리오 작가, 미래학자 등 창의적인 분야에 종사하는 사람들을 모았다. 또 영국의 저명한 경제학자들은 2008년의 글로벌 금융 위기를 예측하지 못한 이유를 '상상력의 총체적인 실패'라고 했다.[25]

정치, 특히 한국 정치는 어떤가? 삼성 회장 이건희는 1995년 4월 중국 베이징에서 한국 특파원들과 만난 자리에서 "정치는 4류, 행정은 3류, 기업은 2류"라고 했다. 이 발언에 반발한 사람들도 없진 않았지만, 생산성이라고 눈곱만큼도 없던 정치에 염증을 느낀 시민들 중엔 동의하는 사람이 많았다. 아마 지금 물어보아도 동의하는 사람들이 다수가 아닐까 싶다. 한국 정치가 4류라는 말을 들을 정도로 실패했거나 실패에 가까운 모습을 보였다면 그렇게 된 이유는 무엇일까? 나는 '상상력의 빈곤'을 들고 싶다.

네덜란드 철학자 바뤼흐 스피노자는 "우리는 물 한 방울을 보면서 바다를 생각할 수 있다"고 했건만,[26] 다수 정치인들은 매일 물을 마시면서도 민심의 바다를 생각하는 법을 모른다. 선거가 끝난 후에야 선거 결과에 대해 "민심의 바다가 무섭다"는 따위의 말을 하지만, 영혼 없는 헛소리라고 보아도 무방하다. 중요힌 긴 평소 실력인데, 선거가 아닌 평소에 다수 정지인들이 중요하게 생각하는 건 자신의 정치적 이익에 직접적인 영향을 미칠 수 있는 권력자들과 강성 지지자들이기 때문이다.

늘 국민적 원성의 대상이 되고 있는 당파적 싸움 그 자체가 문제는 아니다. 싸움의 콘텐츠가 너무 사소하고 몰상식하고 저급하다는 게 문제다. 지금 당장 유·불리의 얄팍

한 계산만 있을 뿐, 멀리 내다보는 법은 없다. 시야는 10미터다. 내일도 없다. 과거를 기억하는 것도 열흘 전까지다. 여야를 가리지 않고 저지르는 내로남불은 정치인들이 인성이 나빠서 그런 것만은 아니다. 열흘 전에 무슨 일을 했는지 기억을 못하기 때문이다.

적을 공격할 건수만 생겼다 하면 폭격을 퍼붓는 데에 물불을 가리지 않는다. 과장과 왜곡은 기본이고 심지어 가짜뉴스까지 만들어내고야 만다. 책임을 지는 법은 없다. 부도덕하고 기만적인 공격을 할수록 자기 진영에선 더 큰 박수를 받는다. 후원금도 더 많이 쏟아지고, 차기 공천 가능성도 훨씬 높아진다. 싸움이 벌어지는 좁은 공간을 벗어나 크게 생각하고 이 나라와 국민의 삶과 미래를 생각하는 상상력 경쟁을 하면 좋겠건만 그런 법은 없다. 어떻게 하면 적을 공격하는 데에 좀더 자극적이고 독한 언어를 구사할 것인가? 이걸 고민하는 데에만 상상력이 발휘되고 있을 뿐이다.

탈식민주의 이론가인 가야트리 스피박은 "훈련되지 않은 상상력이 다른 사람을 파괴하는 데 사용되고 있다"

는 걸 사이버공간의 가장 심각한 문제로 지적했는데,[27] 이는 한국 정치의 주요 문제이기도 하다. 나는 정치인들이 양산해내는 그런 파괴적 상상력의 결과물을 자상하게 보도해주는 언론 매체들에 요청하고 싶다. 매월 그 분야의 '톱 10' 정치인들을 뽑아 주요 발언 내용과 함께 발표해달라고 말이다. 물론 이는 민생에 도움이 되는 상상력 경쟁을 유도하기 위한 것이다.

나는 정치인들이 반대편을 공격해서 권력을 잡는 정치보다는 상상력으로 세상을 좋게 바꾸는 실적으로 권력을 잡는 정치를 하길 바란다. 무능력하고 부도덕한 정치인일지라도 반대편 공격엔 탁월한 재능을 발휘할 수 있지만, 생산적 상상력을 발휘하려는 정치인에겐 공적 이타주의와 더불어 피땀 어린 집중의 노력이 필요하다. 후자보다는 전자의 정치인을 우대하는 현 풍토를 바꾸지 않는 한 한국 정치는 정말 4류로 전락할지도 모른다.

다양성에 대한 집단적 위선

"진화적 관점에서 보면, 다양성은 유전적 '보험증서' 같은 기능을 한다."(레베카 코스타)[28] "다양성을 수용하려는 의지가 약할수록 진정한 자기 인식 능력도 떨어진다."(마이클 린치)[29] "너무 유사한 집단은 새로운 정보를 논의하지 않기 때문에 새로운 것을 배우기 어렵다."(제임스 마치)[30] "동질성이 강한 집단은 다양성이 강한 집단에 비해 더 쉽게 결집하며, 응집력이 높아질수록 외부 의견과 고립되고 집단에 의존하는 성향이 강해진다. 그 결과 집단의 판단이 옳을 수밖에 없다고 확신하게 된다."(제임스 서로위키)[31]

다양성을 예찬하는 명언들이다. 우리 주변엔 이런 다양성 예찬론이 흘러넘친다. 혹 다양성을 비판하는 글을 본 적이 있는가? 아마도 거의 없을 게다. 다양성은 아름다운 단어로 여겨지고 있다. 그런데 정말 그런가? 혹 집단적 위선은 아닌가? 다양성 예찬론이 시사하는 것처럼 절대 다수의 사람들이 다양성의 힘을 믿는다면, 우리 사회는 다양성이 흘러넘쳐야 할 텐데도 사정은 전혀 그렇질 못하니 이게 웬일인가?

성치를 보자. 정치인들은 누구 못지않게 다양성의 가치를 역설하지만, 정치판의 현실은 정반대다. 국회의원의 인적 구성은 다양한가? 연령·성·학벌 등 모든 면에서 대단히 획일적인 집단이다. 의견의 다양성은 살아 있는가? 전혀 그렇지 않다. 일사불란을 생명으로 아는 군대 조직과 비슷하다. 아무리 논란의 소지가 큰 법안이라도 중요하다고 판단하면 한 정당의 의원 전원이 100퍼센트 찬성투표를 던지는 일이 일어난다.

당의 일사불란한 획일성에 반대해 다른 목소리를 내는 의원은 강성 지지자들이 몰려들어 온갖 인신공격을 퍼붓는다. 그러면 안 된다고 말리는 동료 의원들도 없다. 이런 기회에 강성 지지자들의 눈에 들어 재미를 보자는 생각인지는 몰라도 그런 공격에 가세하는 의원들마저 있다. 다양성? 그건 배신·변절·이적으로 간주된다. 그러다가 망할 위기에 처하게 되면 반성을 하는 게 아니라 배신·변절·이적을 난호하게 처단하지 못했기 때문이라는 결론을 내리면서 계속 다양성을 저주하는 방향으로 나아간다. 그러면서도 걸핏하면 '민주주의'라는 단어를 외쳐대니, 도대체 무슨 속셈인지 알다가도 모르겠다.

문재인 정권은 동질성을 추구하면서 다양성을 거부한 대표적인 정권이었지만, 문재인의 임기 말 지지율은 유례없이 높았다. 동질적인 '집토끼'를 잘 지킨 덕분일까? 이걸 보고 뭔가 느낀 게 있었던 걸까? 윤석열 정권의 초기 인사가 '다양성 죽이기'로 나아갔으니 말이다. 그 문제점을 『경향신문』 편집인 양권모가 다음과 같이 잘 지적했다.

"지역, 세대, 성별, 학력, 직능, 계층에서 이토록 다양성이 허물어진 내각은 처음이다. '무지개 내각'은 고사하고 칙칙한 단색의 내각이다. 동종교배 집단은 다양성과 창의성을 발휘하기 어렵다. 집단사고에 빠져 반대 의견에 귀 닫고, 자신들이 옳다는 독선만 강해지기 때문이다."[32]

왜 이런 일이 벌어진 걸까? 다양성이 정녕 바람직한 것이라면, 정권들은 왜 스스로 다양성을 거부하는 자해를 저지른 걸까? 나는 우리의 다양성 논의에 심각한 문제가 있다고 생각한다. 세상 모든 일이 그렇듯 다양성엔 명암明暗이 있음에도 우리는 다양성의 좋은 점만 이야기할 뿐 그 한계에 대해선 굳게 침묵함으로써 다양성에 대한 위선의 문화를 조성하는 데에 일조한 건 아닐까?

가장 먼저 거론해야 할 다양성의 한계는 그걸 실천하는 게 매우 어렵다는 점이다. 우리는 다양성의 장점을 당위로서 역설할 뿐 그런 어려움을 널리 알리면서 돌파할 수 있는 방안에 대해선 거의 말하지 않는다. 철학자 이졸데 카림은 "우리는 환상을 가져서는 안 된다. 다양성은 기분 좋은 공존이 아니다"고 했는데,[33] 우리는 다양성이 기분 좋은 공존이나 되는 것처럼 말하는 경향이 있다는 것이다.

오래전부터 이어져 내려온 우리의 삶의 방식은 사실상 다양성을 거부하는 것이었음을 상기할 필요가 있다. 인류학자 피터 우드의 다음 말은 꼭 옛날이야기만은 아니다. 오늘날에도 많은 사람이 낯선 것에 대해 갖고 있는 불안감이나 거부감을 지적한 것으로 이해하는 게 옳을 것이다.

"진정한 다양성은 때로는 아주 위험한 것이다. 자신과는 근본적으로 다른 사람을 만나는 것은 불안한 일이 아닐 수 없다. 19세기 초, 서양의 선교사들이 태평양 건너편을 탐사하러 갔을 때 그들은 자신들이 알던 것과는 전혀 다른 방식으로 세상을 바라보는 낯선 사람들 사이에서 홀로 몇 주를 보냈고, 그들 중 몇몇은 거의 미칠 지경에 이르렀다."[34]

다양성은 의외로 복잡한 개념이다. 사회심리학자 조너선 하이트의 연구에 따르면, 미국 대학생들이 인종, 종교, 사회계급 같은 인구학적 범주에서 발생하는 다양성은 강력히 지지하는 반면, 도덕적인 다양성(논란이 많은 정치적인 문제들에 대한 의견)에 대해서는 훨씬 덜 호의적이었고, 수업시간 중에는 도덕적인 다양성을 환영했지만 그들이 함께 살고 교류하는 사람들에게서 나타나는 도덕적인 다양성은 별로 달가워하지 않았다. 하이트는 이 연구를 통해 다음과 같은 결론을 내렸다.

"다양성은 콜레스테롤 같다. 즉 좋은 종류가 있고 나쁜 종류가 있다. 아마도 우리는 이 둘을 극대화하려 해서는 안 될지 모른다. 모든 인종에게 열려 있는 사회를 만들기 위해 노력하는 진보주의자들의 태도는 옳다. 한편 공통의 공유된 정체성을 창조하기 위해 더욱 노력해야 한다는 보수주의자들의 생각도 옳은 것일 수 있다."[35]

다양성의 공적 가치와 사적 가치가 충돌하는 문제도

있다. 커뮤니케이션 학자 찰스 콘래드는 "기업 조직에서 능력과 실력만으로 승진할 수 있는가?"라는 질문을 던져 놓고, 그렇게 되지 않는 이유 중의 하나로 사람들의 동질성에 대한 집착을 들었다. 그의 주장을 좀 풀어서 소개하자면 이런 이야기다.

인사권자는 인종, 성, 사회경제적 배경, 거주 지역, 교육 등을 중심으로 자신과의 동질성을 중요시하는 경향이 있다. 특히 복잡한 일에 종사하는 사람일수록 늘 혼동스럽고, 스트레스가 많고, 예측 불가능한 세계에 살고 있기 때문에 동질성은 매우 중요한 의미를 갖는다. 그들은 위기 시에 신속한 결정을 내려야 하는데, 자신의 주변이 예측 가능한(잘 아는, 그러니까 안정되게 믿을 수 있고 충실한) 사람으로 둘러싸여 있을 때 혼농, 불확실성, 모호성이 감소된다.

또 효과적인 커뮤니케이션은 자신과 이질적이기보다는 동질적인 사람과의 관계에서 이루어지기가 쉽다. 예상치 못했던 복잡한 문제에 직면했을 때 그들에게 분명하고 이해할 수 있고 믿을 수 있는 정보를 제공하고 신속하고 효과적으로 행동하게끔 할 수 있기 때문이다. 쉽게 이야기해서 눈만 보아도 알 수 있는, 배짱이 맞는 사람과 같이 일을 해야 높은 생산성을 올릴 수 있다는 것이다. 동질성을 중히 여기는 연고·정실주의는 바로 그 '배짱 맞는 분위기'를 제공해주는 큰 장점을 갖고 있다.[36]

문재인 정권과 윤석열 정권의 인사가 다양성을 훼손하는 방향으로 나아간 이유는 바로 그런 '배짱 맞는 분위기' 형성을 위한 것이었을 게다. 그런 동질성 추구에 적잖은 이점이 있다는 건 분명한 사실이다. 그런데 바로 그게 문제다. 동질성의 장점은 즉각 확인할 수 있는 반면, 다양성의 장점은 확인이 쉽지 않으며 시간이 비교적 오래 걸린다.

다양성은 장점보다는 다양성이 없을 때 결정적인 비극이 일어날 수 있다는 점에서 더 주목받아야 할 개념이다. 법학자 캐스 선스타인은 동질적이고 비슷한 생각으로 뭉친 공동체는 극단으로 나아갈 가능성이 높은 반면, 다양하고 이질적인 공동체는 평균으로 수렴함으로써 중도로 기우는 경향이 있다고 말한다. 여러 가지 맥락에서 사람들의 견해는 확증받았다는 이유만으로 점점 극단성을 띠는데, 내 의견이 다른 사람들과 같다는 것을 확인하는 순간 자신

감이 더욱 커지기 때문이라는 것이다.[37]

중도가 꼭 좋은 건 아니라는 점에서 다양성의 정치적 장점에 의문을 가져볼 수는 있겠다. 하지만 특정 정치 집단이 극단으로 치달아 망하는 결정적인 이유는 다양성 결여다. 매우 잘못된 결정에 브레이크를 걸 수 있는 동력이 바로 다양성에서 나오기 때문이다. 당장 눈앞의 '배짱 맞는 분위기' 형성에 눈독을 들여 얻는 이익의 총합이 아무리 크다 한들 망하고 나서야 그게 무슨 소용이겠는가? 훗날 윤석열 정권이 스스로 저지른 다양성 탄압으로 인해 망했다는 말을 듣지 않기를 바란다.

정치인의
언어와
화법

대통령은 목사가 아니라지만

2022년 12월 16일은 '10·29 참사' 희생자들의 49재를 맞은 날이었다. 민주당 대표 이재명과 정의당 대표 이정미는 이날 오후 이태원역 앞에서 열린 '이태원 참사 49일 시민추모제'에 참석했지만, 윤석열은 참석하지 않았다. 민주당이 윤석열의 불참을 강하게 비판하고 나서자 국민의힘 의원 김기현은 "역대 대통령들이 국가원수 자격으로 사건 사고의 49재에 참석했다는 보도를 접한 기억이 없다"며 "가족을 잃어 형언할 수 없는 슬픔에 빠진 유가족들이 잘

추스르시도록 힘 모아 위로해야 할 때에 마치 대통령이 유가족들에게 등이라도 돌린 듯 자꾸 상처를 헤집는 민주당의 행태가 목불인견"이라고 비판했다.[1]

그러나 비판의 우세는 단연 '49재 불참'을 비판하는 목소리였다. 수일간 이루어진 이 논란을 지켜보면서 나는 2020년에 내가 발표한 「왜 대통령이 목사 노릇을 하면 안 되는가?」라는 글을 떠올리지 않을 수 없었다. 이 글은 미국 역사학자 헨리 그라프가 1987년 5월 27일 『뉴욕타임스』에 기고한 칼럼에서 당시 대통령 로널드 레이건의 행태와 관련해 "대통령은 목사가 아니다"고 한 주장을 다룬 것이었다.

그라프는 이 칼럼에서 시민들과의 뜨거운 포옹과 눈물을 잘 구사하는 레이건의 목사 노릇을 비판했다. 레이건이 꼭 쇼맨십을 부리고 있다는 뜻이 아니라, 그런 관행이 대통령의 고유 임무의 일부로 정착될 경우 생겨날 위험에 대해 경고한 것이다. 그러한 상징적인 정치 행위는 텔레비전 때문에 생겨난 것인데, 텔레비전 앞에서 목사 노릇을 잘 못하는 사람들은 대통령이 될 자격이 없단 말이냐고 그라

프는 반문했다.[2]

그간 레이건은 해군 병사 37명이 사망한 스타크함 피격 사건처럼 국가적 재난이나 비극과 관련된 행사에선 어김없이 눈물을 흘리면서 '뜨거운 인간애'를 보여주었다. 레이건은 스타크함을 비행기라고 부르는 실수를 범하긴 했지만, 그건 전혀 중요한 문제가 아니었다. 숙연한 분위기 속에서 장례식이 거행된 플로리다의 해군기지에서 아버지를 잃은 어린 소녀를 껴안는 레이건의 눈에 눈물이 가득 고여 있었으며, 이 감동적인 장면을 미국의 거의 모든 국민이 텔레비전을 통해 지켜보고 있었다는 것이 훨씬 중요한 의미를 갖는 것이었다. 레이건이 저지른 엄청난 군사 정책 과오에 대한 책임은 실종되었으며 제대로 언급조차 되지 않았다.

그라프는 일련의 감동적인 장면이 은폐하는 문제들에 주목하면서 레이건의 목사 노릇을 비판하고 나선 것이었고, 나 역시 이 주장에 동의했다. 그런데 '10·29 참사' 국정조사와 그간 불거진 모든 관련 논란을 지켜보면서 과연 그런 것인지 의문이 들었다. 세월호 참사 이후 '해상 조난 사고'는 거의 2배로 증가했으며,[3] 『경향신문』 조사에서 69.1퍼센트의 응답자들은 세월호 참사 이후에도 사회적으로 안전에 대한 법·제도 정비나 투자 등이 제대로 이루어지지 않았거나 오히려 더 나빠졌다고 느끼고 있는 걸로 나타났다.[4]

이는 과연 무엇을 의미하는 걸까? 세상엔 하루가 멀다 하고 달라지는 것도 많지만 좀처럼 달라지지 않는 것들도 있다. 특히 안전에 관한 우리의 의식과 문화는 고래 심줄처럼 질긴 힘으로 변화를 거부한다. 나는 세상이 달라질 걸 믿으면서 "대통령은 목사가 아니다"고 외치고 싶었지만, 어차피 달라지지 않는다면 목사 역할에 충실해달라고 요구하는 게 더 나은 게 아닐까? 윤석열 정권은 '공감'보다는 '둔감'에 능한데다 참사의 정치적 이용이 성행하는 위선의 땅에서 오히려 그게 더 현실적인 해법일지도 모르겠다. 나는 먼 훗날이라도 문재인이 박근혜 탄핵 직후 세월호 팽목항 방명록에 쓴 "미안하고 고맙다"는 말이 무슨 뜻이었는지 꼭 밝혀주면 좋겠다. 그의 진심을 듣고 싶다.

'윤석열 화법'의 비극

"침묵은 말보다 더 능변이다."[5] 영국 역사가 토머스 칼라일의 말이다. 그는 프랑스의 계몽사상가 장 자크 루소에 대해 매우 비판적이었는데, 그 이유 역시 침묵과 관련이 있다. 그는 "루소는 지극히 귀중한 자질인 '침묵'을 갖지 못했다"며 "말하고 행동할 때가 오기까지 '조용히 침묵을 지키지 못하는 사람'은 진정한 사람이 아니다"고 주장했다.[6]

그렇다면 칼라일은 입이 매우 무거운 사람이었을까? 그래야 마땅할 것 같은데, 오히려 정반대였다고 하니 놀라운 일이다. 칼라일보다 열네 살 연하였던 영국의 생물학자이자 신화론자인 찰스 다윈의 자서전엔 흥미로운 이야기가 등장한다. 다윈은 "형의 집에서 저녁식사를 함께했을 때 재미있는 일이 있었다"며 다음과 같이 말한다.

"말 잘하기로 유명한 찰스 배비지와 찰스 라이엘이 모두 있는 자리였는데, 칼라일이 침묵의 이점을 주제로 하여 저녁 내내 장광설을 늘어놓아 좌중을 잠잠하게 만들었다. 식사가 끝난 후 배비지는 험상궂은 표정으로 칼라일에게 인사하며 침묵에 대해 흥미 있는 강의를 해줘서 고맙다고 말했다."[7]

실제로 칼라일처럼 다변가가 침묵의 미덕을 강조하는 경우가 적지 않다. 얼마나 믿어야 할진 모르겠지만, 한국인과 아일랜드인을 세계에서 '가장 말 많은 민족'으로 꼽는 속설에 따르자면 아마도 한국인과 아일랜드인 중에 그런 사람이 비교적 많을 것 같다. 아일랜드인들은 "자기 목소리를 듣기 위해 말을 한다"는 말까지 들을 정도인데,[8] 아일랜드 출신의 작가 오스카 와일드는 이런 말을 남기기도 했다. "만약 영국인에게 말하는 법을 가르치고, 아일랜드인에게 듣는 법을 가르친다면, 이곳은 대단히 수준 높은 문명사회가 될 것이다."[9]

행여 한국인과 아일랜드인을 비하하는 걸로 오해하는 분이 없기를 바란다. 속된 말로 '썰'에 강하다는 건 장점이지 결코 단점은 아니다. 다만 썰의 품질에 대한 자기 객관화 능력은 갖추는 게 어떨까 싶다. 그런 점에서 대한민국 검찰 역사상 그 누구에게도 뒤지지 않을 정도로 다변가이가 단변가 검사로 통했던 윤석열의 화법에 대해 생각해보기로 하자.

"윤석열은 늘 보기에 딱하다. 공개되지 않는 사랑방 잡담회 수준의 언어를 언론 앞에서도 그대로 구사함으로써 자주 화를 자초한다." 내가 2022년 1월에 출간한 『좀비 정치』라는 책에서 한 말이다. 1년이 지난 지금도 그런 화법엔 변함이 없으니 이를 어찌할 것인가?

윤석열의 화법은 '즉흥적 순발력'에 기대는 유형인데, 사실 이런 유형은 우리 주변에서 쉽게 찾아볼 수 있다. 좌중을 압도할 정도로 말을 유창하고 재미있게 잘하긴 하는데, 그는 참석자들의 보스거나 리더급에 속하는 인물이다. 권위와 카리스마를 갖고 있다는 의미일 수도 있지만, 말의 내용이나 품질에 대한 이의 제기나 도전에서 자유롭다는 뜻이다. 웬만하면 웃어줄 준비가 되어 있는 청중을 대상으로 썰을 풀기는 쉽다.

때와 장소와 사람에 따라 차별화된 다른 유형의 화법을 잘 구사할 수만 있다면 이런 유형은 문제될 게 없으며 말하기에 탁월한 재능이 있다고 칭찬해주어도 무방하리라. 그런데 간혹 이런 화법에 중독된 나머지 공식석상의 발언마저 같은 방식의 화법으로 밀어붙여 큰 손해를 보는 사람들이 있다. 안타깝지만 윤석열도 바로 그런 사람 중의 하나다.

2023년 1월 15일 아랍에미리트UAE를 국빈 방문 중이었던 윤석열은 UAE에 파병된 아크부대 장병들을 만난 자리에서 "우리 형제 국가인 UAE의 안보는 바로 우리의 안보"라며 "UAE의 적은, 가장 위협적인 국가는 이란이고 우리 적은 북한이다. 우리와 UAE가 매우 유사한 입장에 있다"고 말했다.[10] 이게 바로 그 유명한 'UAE의 적은 이란' 발언 사건이다.

전 청와대 의전비서관 탁현민은 "장병들을 격려하기 위한 말이었다고 해명하는데, 그게 격려가 되는지 모르겠지만, 그 말이 사실이어도 그 정도 발언이 문제가 될 거라는 판단을 그 안에서 누구도 하지 않았다면 시스템이 붕괴됐다는 의미"라고 비판했다.[11] 그런가? 시스템이 붕괴된 건가? 그건 아닌 것 같다. 애초에 시스템이라고 할 게 없었기 때문이다. 모든 게 '윤석열 마음대로'라고 보는 게 옳다. 그렇지 않다면 탁현민이 말한 '시스템 붕괴'는 이미 여러 차례 일어났는데, 붕괴된 시스템이 또다시 붕괴된다는 건 이상하지 않은가?

'윤석열 화법'의 비극은 '메타인지metacognition', 즉 자기인식 능력이 박약하다는 데에 있다.[12] 쉽게 말하자면, 윤석열은 자신을 전천후형 달변가로 오해하고 있다는 것이다. 그렇지 않다면, 그 말 많고 탈 많았던 '도어 스테핑'을 6개월간이나 지속시킨 이유를 이해하기 어렵다. 도어 스테핑 중단 이후 지지율이 조금씩 오르기 시작했건만, 윤석열은 여전히 자신의 다변 또는 '달변'을 중단할 뜻이 없는 것처럼 보인다. 인터뷰나 발언 시 원고 없이 순발력 하나로 버티는 걸 자랑스럽게 여기는 게 아닌가 하는 생각마저 든다.

2022년 9월 22일 뉴욕에서 벌어진 이른바 '대통령 비속어 논란' 사건만 해도 그렇다. 이 사건을 어떻게 평가하건, 내가 가장 놀란 건 단 몇십 초를 참지 못해 부적절한 상황에서 문제의 발언을 한 그의 다변 체질이었다. 아니 단 10초만 참았어도 참모들만 듣는 자리에서 아무 논란 없이 그 어떤 발언이라도 속 시원하게 할 수 있었을 게다.

딱하긴 민주당도 마찬가지다. 민주당은 결코 높다고

할 수 없는 현재의 대통령 지지율조차도 윤석열에겐 과분하다고 생각하지만, 그들이 놓치는 게 하나 있다. 전 민주연구원 부원장 최병천이 잘 지적했듯이, "지난 대선에서 국민들은 윤석열 국민의힘 후보가 '1일 1망언'을 하는지 알고도 그를 뽑았다. 왜 그랬을까? 민주당과 민주당 대선 후보가 더 걱정됐기 때문이다".[13]

따라서 '윤석열 화법'의 비극이 더는 발생하지 않게끔 할 수 있는 사실상의 주도권은 국민의힘보다는 민주당에 있다고 해도 과언이 아니다. 국민적 신뢰를 얻으시라. 그건 윤석열에 대한 네거티브 공세만으론 이룰 수 없는 것이다. 아니 네거티브 공세를 하더라도 적반하장이란 말을 들을 수 있는 내로남불은 없는지 꼭 점검해보시라. 양쪽 모두 정치적 자해를 일삼는 경쟁은 제발 좀 그만해주시길 간곡히 호소한다.

이해찬은 왜 성찰에 인색할까?

"민주주의에서 정치인을 비판하는 것은 우리 자신들을 비판하는 것과 같다는 점을 기억하자. 우리의 수준이 곧 우리 정치인들의 수준이다."[14] 영국 철학자 버트런드 러셀의 말이다. 내심 이 말에 동의할 사람은 많겠지만, 동의한다고 공개적으로 말할 사람은 드물 게다. 매우 위험한 말이기 때문이다.

앞서 거론했던 "정치는 4류, 행정은 3류, 기업은 2류"라는 이건희의 주장을 떠올려보시기 바란다. 이 발언이 당시 김영삼 정권을 화나게 만들어 삼성이 한동안 바짝 긴장하기도 했다는 말이 돌기도 했지만, 일반 시민들 중엔 동의하는 사람이 많았다. 아마 지금 물어보아도 동의하는 사람이 다수가 아닐까 싶다.

일반 시민이나 언론인이나 지식인이 "정치는 4류"라고 말하는 건 전혀 위험하지 않다. 정치가 늘 우리를 실망시키고 화나게 만드는 건 분명한 사실이니까 말이다. 그러나 우리의 수준이 곧 우리 정치인들의 수준이라는 이유로 "국민은 4류"라는 말을 보탠다고 생각해보라. 돌 맞기 십상이다. 국민은 성역이다. 물론 유권자도 성역이다. 바로 그런 이유 때문에 우리는 유권자들이 정치인에게 미치는 부정적 영향에 대해서조차 유권자 탓은 하지 못한 채 정치인들에게만 책임을 묻는 이상한 게임을 하고 있다.

"1조, 고객은 항상 옳다. 2조, 고객이 틀렸다고 생각되면 1조를 다시 보라."[15] 미국의 대표적인 소매 유통업체인 월마트가 내세운 이 슬로건은 '소비자 지상주의'의 정수를 잘 보여주고 있다. 이른바 '소비자 갑질'이 사회적 문제가 되면서 '소비자 지상주의'의 위세는 한풀 꺾였지만, '유권자 지상주의'는 건재하다. 특히 유권자들의 관심을 먹고 살아가는 언론은 "1조, 유권자는 항상 옳다. 2조, 유권자가 틀렸다고 생각되면 1조를 다시 보라"는 슬로건을 실천하는 데에 앞장서고 있다.

문제는 늘 유권자의 대표성이다. 정치인과 정당에 강한 지지를 보내는 대신 적극적인 요구를 하는 유권자는 소수이지만, 이들은 사실상 다수인 것처럼 행세하며 실제로 그런 대접을 받는다. 이런 유권자들은 상대편 정당과 정치인에 대한 분노와 증오에 의해 추동되는 경우가 많기 때문에 극단적 대결 구도와 공격, 일방적인 압승을 선호하는 경향이 농후하다.

현재 한국 정치는 바로 그렇게 왜곡된 '유권자 지상주의'의 지배를 받고 있다. 이 틀 안에선 합리성, 국익, 타협, 협치, 화합을 추구하는 정치인이 설 땅은 없다. 이런 정치인은 늘 전투성을 앞세운 강성 유권자들의 공격과 탄압의 대상이 된다. 거물로 크려면, 아니 공천이라도 받으려면, 이런 강성 유권자들의 비위를 맞춰야 한다. 아니면 적어도 그들이 크게 반발할 언행은 삼가야 한다.

강성 유권자들은 자기 정당이 잘되기를 바라긴 하지만, 그것보다 더 중요하게 생각하는 건 자신의 분노와 증오를 발산하는 것이다. 그들은 성찰을 혐오한다. 성찰은 분노와 증오의 발산에 방해가 되기 때문이다. 그래서 이들은 자기들 때문에 자기 정당이 실패하는 일이 벌어져도 그걸 절내 인정하지 않는다.

지금까지 한 이야기는 "왜 정치인들은 성찰에 인색할까?"라는 물음에 대해 내가 찾은 답이다. 좀 과장되게 표현하긴 했지만, 내 주장의 요지는 정치인의 성찰을 방해하는 주요 이유는 사실상 정당을 지배하는 강성 지지자들에게 있다는 것이다. 국무총리와 민주당 대표를 지낸 이해찬이

2022년 9월에 출간한 『이해찬 회고록: 꿈이 모여 역사가 되다』를 읽으면서 해본 생각이다.

　이해찬 정도의 정치적 거물이라면 지난 대선의 패배에 대해 성찰을 하면서 강성 지지자들에게도 쓴소리를 할 수 있어야 한다는 게 내 생각이지만, 이 책 어디에도 성찰은 없었다. 출판기념회 등 출간 후 행사에서도 마찬가지였다. 이해찬은 성찰을 모르는 정치인인가? 그럴 리 없다. 뭔가 다른 이유가 있었을 게다. 나는 그 이유를 전 민주당 의원 금태섭이 최근 쓴 신문 칼럼에서 찾을 수 있었다.

　금태섭은 민주당 의원 시절 민주당이 자신들에게 불리한 법원 판결을 비난하면서 판사에 대한 인신공격까지 하는 등 매우 위험한 방향으로 나아가고 있을 때 지도부 의원에게 1시간 이상 그러면 안 된다고 간곡한 호소를 했다고 한다. 이 호소를 단호하게 거절한 그 의원이 내세운 이유는 간단했다. "지금은 지지자 마음을 달래줄 때"라는 것이었다.[16] 이해찬도 자신의 회고록을 대선 패배로 인해 상처받은 지지자들의 마음을 달래주는 데에 바치기로 했던 것 같다. 관련 대목을 살펴보기로 하자.

이해찬은 지난 대선이 "한국 사회 최고 엘리트의 기득권 카르텔이 모든 분야에서 작동한 선거였다"는 평가에 수긍하면서 이런 견해를 덧붙인다. "전형적으로 (법무부 장관) 한동훈 같은 인물이 그 카르텔의 중심에 서게 됐어요. 검찰, 언론, 관료 집단을 부유층, 기득권층의 2세들이 다 차지해가고 있고.……얘기를 들어보니 강남 3구 출신, 특목고 출신, SKY 대학 출신들이 공무원 사회의 주류를 이루게 됐다고 하더구만.……우리 사회 장래로 볼 때 굉장히 나쁜 거예요. 보수적인 엘리트 카르텔이 각 분야를 좌지우지할 테니까."[17]

동의할 수 있는 점이 없진 않은데, 매우 이상한 말씀이다. 강남 3구 출신, 특목고 출신, SKY 대학 출신들이 고위 공무원직의 주류를 이룬 건 문재인 정권에서도 똑같았는데, 왜 그맨 잠자코 있다가 이제 와서 그런 말씀을 하시는 걸까? 진보 정권하에선 그들이 진보적인 엘리트 카르텔로 변하는가? 그러니 괜찮다는 뜻일까? 그런 식으로 출신 성분을 따지자면 민주당 정치인이나 국민의힘 정치인이나 별 차이가 없다는 것도 세상이 다 아는 일일 텐데, 이 또한 대통령이 진보면 문제될 게 전혀 없다는 걸까?

싸움 붙이기를 좋아하는 기자들이 한동훈에게 '기득권 카르텔의 중심'이라는 이해찬의 주장에 대한 생각을 물었다. 그는 "저는 지난 20여 년간 부패 정치인이나 비리 재벌, 투기 자본 깡패들과 손잡거나 두려워하지 않고 일관되게 국민 편에서 맞서 싸워왔다"면서 "이 나라의 진짜 기득권 카르텔은 운동권 카르텔이라고 많은 국민들이 생각하실 것"이라고 답했다.[18]

뭐 썩 좋은 대답은 아닐망정, 틀린 말은 아니다. 출세한 운동권 기득권 카르텔의 위세와 폐해에 대해선 그간 진보 진영 내에서도 많은 비판이 쏟아져 나왔다는 걸 이해찬도 잘 아실 게다. 왜 이 카르텔에 대해선 아무런 말씀도 없는 걸까? 민주당 대표 시절 이해찬은 '20년 집권론'을 내놓았고, 이어 '50년 집권론'을 주장하더니, 2019년 2월엔 '100년 집권론'까지 내놓음으로써 사실상 그런 진보 카르텔의 영속화를 주장한 장본인이 아니었던가?

그런 오만함은 문재인 정권 전반에 널리 확산되었는데, 이게 지난 대선의 결정적 패인이었다고 보아야 하지 않을까? 오죽하면 회고록 출간 직후 민주당 6선 의원 출신의 전 국회부의장 이석현이 "이해찬 전 대표가 발언할 때마다 가슴이 철렁한다"며 "또 무슨 말로 국민의 속을 긁을 것인가 우려된다"고 밝혔을까? 그는 "민주당이 20년 집권해야 한다고 말씀할 때도 깜짝 놀랐다"며 "그때는 민주당이 석권할 때라서 겸손해야 할 때인데 자만해서 국민의 견제 심리만 키웠었다"고 했다. 또 그는 "대선 패배가 절박감 부족? 한동훈 때문? 당원 상처 덧날라"고 강한 우려를 표했다.[19]

이해찬이 "이재명 후보는 너무 아까운 후보"라며 검찰과 언론의 불공정성을 비난한 것도 문재인 정권의 전형적인 '남 탓'으로 여겨져 안타까웠다. 최근의 출판기념회에선 "5년 금방 간다"며 '민주당 20년 집권론'을 다시 꺼내 든 것은 보기에 민망했다. 이어진 토크쇼에서 '대선 패배'에 관련된 질문을 받은 그는 "(보수와 진보의 현실에 대해) '기울어진 운동장'이라는 표현을 썼는데, 이건 현실을 안이하게 생각하는 거다"라며 "(진보 측은) 벼랑 끝에 있다. 여기서 놓치면 나락이다"고 했다.[20] 이는 안타까움과 민망함을 넘어 참담하다는 생각마저 갖게 했다.

왜 민주당은 자꾸 '남 탓'만 할까? 잘못한 일은 전혀 없었나? 지난 5년간 무슨 일을 했길래 정권을 잃었는지 그걸 성찰하는 일부터 먼저 해야 할 게 아닌가? 도대체 민주당엔 반대편을 겨냥한 '증오 마케팅' 외에 무슨 메시지가 있는가? 이 나라가 정녕 이런 식으로 흘러가도 괜찮은 건가? 성찰이 흘러넘치는 회고록을 보고 싶다.

안민석의 '갈치 정치'

"우리 시대에 정치적인 말과 글은 주로 변호할 수 없는 것을 변호하는 데 쓰인다.⋯⋯때문에 정치적인 언어는 주로 완곡어법과 논점 회피, 그리고 순전히 아리송한 표현법으로 이루어진다."[21] 영국 작가 조지 오웰의 말이다.

오늘날 한국의 정치 언어는 정반대의 양상을 보이고 있어 흥미롭다. 변호 따윈 하지 않는다. '닥공' 일변도다. 주요 목적이 '모욕'이기 때문에 표현 방식은 매우 거칠고 독하다. 이런 표현의 원조는 북한이다. '삶은 소대가리'라는 말을 기억하시는가? 이게 어쩌다 나온 게 아니다. 문학석 소양을 지닌 김일성종합대학 어문학부나 김형직사범대학 작가 양성반 출신의 엘리트 수백 명이 머리를 짜내 그런 표현을 만들어낸다고 한다.[22]

　반면 한국의 정치 언어는 정치인들이 자극적 표현을 선호하는 언론의 상업주의를 염두엔 둔 자기 홍보의 목적으로 생산된다. 가끔 재미있거나 재치 있는 표현도 등장하긴 하지만, 언론의 주목을 받는 건 역시 갈등 조장형 표현이다. 최근 언론의 가장 큰 주목을 받은 사례를 하나 감상해보자.

　2022년 10월 17일 그간 이재명을 적극 지지해온 민주당 의원 전재수가 이재명의 대선 패배 후 주식 거래에 대해 실망스럽다고 했다. 그러자 동료 의원 안민석은 "갈치 징지는 굉장히 심각한 해당 행위인데 가을이 되니까 갈치 정치가 스멀스멀 올라온다"고 했다. 그는 "큰 갈치 배를 가르면 (작은) 갈치가 나온다. 갈치는 갈치를 먹고 큰다"며 '갈치 정치'는 자기 식구를 잡아먹는 정치라고 설명했다.[23]

　이에 민주당 의원 조응천은 "전 의원은 할 말을 한 것이다. 이런 얘기를 못하면 그게 무슨 민주 정당이냐"라고 말했다. 그는 안민석의 '내부 총질', '갈치 정치'라는 표현에 대해 "민주 정당에 절대 비판하면 안 되는 성역이 있다, 라는 말로 들린다"며 "전 의원이 갈치라면 안 의원은 대왕 갈치"라고 비판했다.[24]

안민석은 오해가 있다고 해명했지만, 전재수가 이재명의 강성 지지자들에게서 수천 통의 욕설 문자 폭탄을 받는 데에 일조한 건 분명했다. 당원 게시판에는 "해당 행위자 전재수를 제명하라", "내부 총질, 윤리위에 회부해야", "다음 총선 뒤엔 보지 말자", "제정신이냐", "조용히 나가라" 등의 비난이 쇄도했다. 인터넷상에는 "난파선에선 쥐××가 먼저 빠져나온다더니"라는 표현까지 등장했다.[25]

안민석은 혹 자신은 '대왕갈치'가 아닌지 그걸 살펴보는 게 좋겠다. 예컨대, 안민석은 2022년 6·1 지방선거 경기지사에 도전했을 때 내부 경쟁자인 김동연을 겨냥해 'MB맨', '기회주의 관료', '국정 농단 부역자'라고 공격했다.[26] 너무 '심각한 해당 행위' 아닌가? 지방선거 패배 후엔 민주당을 향해 "현실 안주를 위한 기득권 카르텔을 깨기 위새 회초리보다 육모방망이가 필요하다"고 주장했지만,[27]

자기 자신은 기득권 카르텔과는 무관한 것처럼 행세했다.

이재명이 강성 지지자들에게 문자 폭탄 자제를 촉구했을 때에도 안민석은 이재명의 속내를 안다는 듯 전혀 다른 주장을 폈다. 그는 "대선 패배로 역사의 죄인이 된 민주당 국회의원들은 돌팔매 대신 문자 폭탄 정도는 감수하는 것이 도리"라며 "문자가 무섭다면 정치를 그만둬야 한다"고 주장했다.[28] 당하는 사람들에겐 이건 해도 너무하는 주장 아닌가?

국민의힘은 안민석을 가리켜 "가짜뉴스 아이콘"이자 "그 자체로 구태 정치 표본"이라고 비난하지만,[29] 이는 그만큼 안민석이 국민의힘과는 잘 싸우고 있다는 걸 말해주는 방증으로 볼 수도 있겠다. 하지만 잦은 '아니면 말고' 식의 의혹 제기는 다시 생각해보면 좋겠다. 한국 정치 전체의 저질화를 초래하는 주범이라고 보기 때문이다. 특정 정당이 아닌 전체 국민의 입장이나 국익의 관점에선 그런 성치야말로 '갈치 정치'가 아니고 무엇이겠는가? 부디 내부 비판에 열린 자세를, 그리고 정중한 언어로 비판에 임해주시길 요청드리고 싶다.

김의겸, 최악의 '폴리널리스트'인가?

국정감사라는 상징 또는 쇼

미국 시카고에 퓰러라는 이름을 가진 교통 경찰관이 있었다. 그는 매우 고지식한 사람이었다. 시내 중심가에서 일하던 그는 원칙대로 모든 불법 주차 차량에 대해 스티커를 열심히 발부했다. 벌금을 물게 된 많은 운전자의 원성이 높아지자 얼마 후 그는 변두리 지역으로 좌천되고 말았다. 그는 주차 관련법이 전부는 아닐망정 상당 부분 일종의 상징에 지나지 않는다는 것을 이해하지 못했던 것이다.[30]

미국 정치학자 머리 에델먼의 『정치의 상징적 이용』(1964)이라는 책에 나오는 에피소드다. '상징'이라는 말이 실감이 나지 않는다면 우리가 흔히 쓰는 '쇼'라는 말로 대체해도 무방하다. 누군가가 "선거는 쇼에 불과해"라고 말한다면, 우리는 동의하건 동의하지 않건 그 의미를 즉각 이해할 수 있다. 생각해보라. 선거철엔 근본적인 사회개혁의 구호가 난무하지만 선거가 끝나고 나면 그 구호들은 까맣게 잊히고 예전의 사회질서와 관행은 다시금 반복된다. 공약公約은 곧 공약空約이라는 건 상식이 되고 말았다. 에덜먼의 말을 빌리자면, "투표는 참여의 의식적儀式的 표현으로서 개인적인 희망과 불안을 발산하는 동시에 공공 정책과 법규에 순응할 의무의 확인이라는 의미를 가질 뿐이다".[31]

그렇다면 국정감사는 어떤가? 이 또한 상징 또는 쇼에 지나지 않는다. 적어도 언론 보도만 놓고 보자면 그렇다. 「'갑질 국감' '호통 국감' 제발 그만둬라」,[32] 「국정감사, 언제까지 막말과 파행으로 이어갈 건가」,[33] 「'심심할 테니 묻겠다'…26명 불려나와 14명 대기하다 퇴장」,[34] 2014년에 나온 신문 기사 제목들이다. 다음 해엔 달라졌을까? 「13시간 기다려 13초 답변…기업인 "질문 않는 의원 더 밉다"」,[35] 「왔다가 그냥 간 증인 31명…누가 왜 불렀는지 실명 밝혀야」,[36] 「여야, 국감 증인 신청 실명제 바로 도입하자」,[37] 「최악의 부실 국감 이대로는 안 된다」[38] 등과 같은 기사 제목들이 말해주듯이 달라진 건 없었다.

2021년엔 「호통·맹탕·저질…올해도 어김없이 등장한 '국정감사 무용론'」,[39] 2022년엔 「무용론 논란 국정감사, 언제까지?」라는 제목의 기사가 등장했다.[40] 어김없이 매년 반복되는 연례행사다. 그래서 국정감사 관련 기사엔 꼭 국회의원들을 비난하면서 '국정감사 무용론'을 부르짖는 댓글이 많이 달린다.

"베테랑 공무원이 말하는 국감 편하게 치르는 법"

'국정감사 무용론'은 국민의 입장에서 나온 것이겠지만, 국회의원의 입장에서 보자면 전혀 다른 평가가 가능해진다. 2014년『중앙일보』논설위원 양선희는 국정감사를 다룬 칼럼에서 "국감에 '30초 호통'으로 끝낼 기업인들을 부르는 건 국회의원들이 기업인들과 안면을 트고 정·재계 유착 고리를 만드는 기회로 활용하려는 게 아니냐는 항간의 의심이 있다"며 "국감엔 보이는 앞마당과 보이지 않는 뒷마당이 있단다. 앞에서는 국회의원들이 호통치지만 뒷마당은 명함을 교환하며 인사를 나누는 장이란다"고 했다.[41]

오래전의 이야기인지라 지금도 그런지는 알 수 없지만, 한 가지 분명한 건 국회의원들은 일반 국민과는 다른 입장과 관점에서 국정감사를 대하고 있다는 점이다. 국정감사에서 열변을 토하는 국회의원의 주요 청중은 국민이라기보다는 자신의 지역구 유권자들이다. 2017년 『조선일보』가 소개한 「베테랑 공무원이 말하는 국감 편하게 치르는 법」은 바로 그 점을 잘 지적하고 있어 흥미롭다. 이 기사에 나오는 세 가지 요령을 소개하자면 다음과 같다.

첫째, 의원이 최대한 길게 발언할 수 있도록 들어주는 게 기본이다. 1년에 한 번 TV로 생중계되는 국감장에서 지역구 유권자들을 향해 자신의 존재감을 한껏 과시할 수 있도록 해주는 것이 중요하며, 공무원이 답변을 하겠다며 의원 발언 시간을 축내거나 말을 중간에 끊는 눈치 없는 행동을 해서는 절대 안 된다.

둘째, 정부 행정의 문제점을 지적하는 의원에겐 고개를 연신 끄덕여주어야 한다. 발언을 마친 의원을 향해 "오랜 경험과 전문성을 바탕으로 정확하게 지적해주셔서 감사하다"고 치켜세워주는 것도 필요하다. 행여 의원 지적에 사사건건 반박했다가는 '유권자 앞에서 의원을 망신 준 것'이 되어 머지않아 큰 화禍를 입게 된다.

셋째, "지적하신 문제점을 반드시 시정하겠다"는 마무리 멘트도 빠뜨리지 말아야 한다. 유권자들이 "우리 지역구 의원이 힘세구나" 하는 인상을 받도록 해주는 것이 중요하다. 일단 의원의 체면을 세워준 뒤, 나중에 따로 찾아가 그렇게 안 되는 이유를 밝히고 양해를 구할 기회는 얼마든지 있다.[42]

'국정감사 쇼'의 대상은 김의겸에게

이 정도면 '국정감사 쇼'라고 해도 무방할 것이다. 이제 언론은 아무리 지적해도 바뀌지 않는 국정감사의 문제점만을 비판할 게 아니라 국정감사를 '쇼'라고 하는 엔터테인먼트의 관점에서도 다루어보는 게 어떨까? 그럴 뜻이 있다면 나는 '2022년 국정감사 쇼'의 대상大賞 후보자로 민주당 의원 김의겸을 추천하고 싶다. 추천 사유는 다음과 같다.

김의겸은 국정감사를 정쟁의 도구로 활용하는 과정에서 '정치 엔터테인먼트'의 새로운 경지를 개척했다. 그는 2022년 10월 24일 국회 법사위 국정감사에서 법무부 장관 한동훈을 상대로 '윤석열 대통령·김앤장 변호사 30여 명과 심야 술자리' 의혹을 제기하면서 청담동 고급 바, 그랜드 피아노, 여성 첼리스트, 술, 윤도현 노래, 〈동백아가씨〉, 자정부터 새벽 3시까지 등 이야깃거리들이 풍성한 썰을 선보였다.

한동훈은 10여 일 전 김의겸이 자신에게 요구했던 "직을 걸라"는 말을 되돌려주면서 "저는 다 걸겠다. 의원님은 무엇을 걸 것인가?"라고 물었지만,[43] 김의겸은 나중에 입장문을 통해 "뒷골목 깡패들이나 할 법한 협박에 말려들고 싶은 생각은 없다"며 당당하게 받아치는 묘기를 보여주었다.[44] 40일 전 민주당 의원 이재정과 관련된 거짓말로 한동훈을 모욕하고서도 사과하지 않은 김의겸의 배포가 다시 돋보였다.

신중권은 김의겸의 묘기를 '적반하장賊反荷杖'이라고 규정하면서 "어떻게 저런 분들이 세비를 먹고 저걸 지금 의정 활동이라고 하고 있는가"라고 개탄했지만,[45] 김의겸은 그 어떤 비판과 협박에도 굴하지 않겠다는 뜻을 분명히 했다. 국민이 즐길 수 있는 쇼를 위해 '지라시 정치인'이라는 오명에도 자신의 모든 걸 바치겠다는 그의 희생정신을 높이 평가하지 않을 수 없다.

'윤석열 때리기'를 위해 없는 말까지 지어내나?

그런데 김의겸의 쇼는 그게 끝이 아니었다. 그는 11월 8일 그의 정신 상태를 의심하지 않을 수 없는 대형 사고를 쳤다. 그날 민주당 대표 이재명은 국회 대표실을 방문한 주한 EU 대표부 대사 마리아 카스티요 페르난데스를 접견했는데, 김의겸은 이 비공개 면담을 브리핑하면서 EU 대사가 하지도 않은 말을 지어냈다.

김의겸은 "EU 대사가 북한이 도발 수위를 높여가고 있는데 현재 윤석열 정부에는 대화 채널이 없어서 대응하는 데 한계가 있는 것 같다고 말했다"며 "김대중·노무현 (전) 대통령 때는 긴장이 고조되어도 대화 채널이 있었기에 교류를 통해서 해결책을 찾을 수 있었는데 지금은 그렇지 않다고 말했다"고 전했다. 그가 전한 발언만 보면 페르난데스가 북한 도발에 윤석열 정부가 제대로 된 대응을 못하고 있다고 언급한 것으로 해석되었다. 즉, 주한 외교 사절이 야당 대표에게 주재국 정부를 비판했다는 것이다.

하지만 이런 내용이 알려지자, 페르난데스는 김의겸이 발언이 사실과 다르다는 취지로 민주당에 강력하게 항의했으며, 우리 정부에도 적극 해명했다. 그는 외교부 한반도 평화 교섭 본부장 김건에게 이메일을 보내 "내 말이 야당의 언론 브리핑 과정에서 잘못 인용되고 왜곡돼mis-used and twisted 유감이다. 당신도 잘 알다시피 그런 뜻이 아니며 그럴 의도도 없었다"고 밝혔다고 외교부가 기자단에 공지했다.

김의겸은 9일 오전까지만 해도 해당 논란에 대한 입장을 묻는 취재진의 질문에 "따로 할 말이 없다"며 거리를 두었지만 민주당 내부에서 "자칫 외교 문제로 번질 우려가 있다"는 지적이 나오자 뒤늦게 민주당 공식 홈페이지를 통해 사과문을 올렸다. 그는 사과문에서 "마리아 카스티요 페르닌데스 주한 EU(유럽연합) 대사와 민주당 이재명 대표 대화 중에 과거 정부와 현 정부의 대응을 비교하는 대화는 없었다"며 "혼란을 안겨드린 것에 대해 EU 대사께 심심한 사과의 말씀을 드린다"고 했다.[46]

그러나 왜 그런 거짓말을 지어냈는지 이에 대한 해명은 없었다. 오로지 '윤석열 정권 때리기'에 집착한 나머지 잠시 그의 제정신이 외출을 했던 걸까? 이 정도면 대변인

직을 그만두는 게 최소한의 상식이겠지만, 어차피 민주당
은 상식과는 거리가 먼 정당인지라 그런 일은 일어나지 않
았다. 이를 보다 못한 민주당 전 비상대책위원장 박지현은
11월 29일 "이재명 대표는 취임사에서 '상대의 실패에 기
대는, 무기력한 반사이익 정치, 더이상 하지 않겠다'고 약
속했다. 그런데 그 반사이익 정치를 김의겸 대변인과 장경
태 최고위원이 선도하고 있다"며 "취임사의 약속대로 김
의겸 대변인을 즉시 사퇴시켜야 한다"고 촉구했다.[47]

그의 롤 모델은 '양치기 소년'인가?

물론 김의겸은 사퇴하지 않았고 '윤석열 정권 때리
기'에 더욱 전의를 불태웠다. EU 대사 발언 조작 사건 때
느낀 교훈 때문인지는 몰라도 이후 김의겸은 비교적 안전
한 이슈인데다 강성 지지자들의 큰 호응을 얻을 수 있는
김건희 의혹 제기에 주력하기로 한 것처럼 보였다. 이재명
이 검찰 수사로 인해 위기에 몰린 상황이었던 2023년 1월
27일 김의겸은 "김건희 추가 주가 조작" 의혹을 제기하고
나섰다.

이에 국민의힘 비상대책위원장 정진석은 "흑석동 재개발 '몰빵'으로 청와대 대변인직에서 쫓겨났던 김 대변인의 엽기적인 행각, 우리 국민이 언제까지 감내하며 지켜봐야 하느냐"라고 물었다. 그는 "김 대변인은 주가 조작 의혹을 또 제기하고, 대통령실이 고발하겠다고 하자 억울하다면 특검을 받아들여서 특검에서 억울함을 풀라고 되받아쳤다"고 했다. 그러면서 정진석은 "대통령과 대통령 부인을 겨냥해서 인격 살인적인 거짓 폭로를 계속하면서 억울하면 특검 받아라, 이게 도대체 어디에서 배운 행패인가"라고 비난했다.

정진석은 대통령실이 김의겸에 대해 법적 조치를 하기로 한 것과 관련해 당 차원의 조치가 있냐는 기자들의 질문에 "제1야당 대변인으로 김의겸의 입을 활용하는 (민주당의) 저의를 모르겠다"면서 "이미 많은 논란을 야기시킨 분인데, 그분을 잘 이해하기 어렵다. 흑석동 컨설팅이 딱 잘 어울리는 분"이라고 주장했다.[48]

이런 말까지 들어야 하나? 참으로 안타까운 일이다. 자신이 어떤 의혹을 제기하건 이미 신뢰를 잃었다는 걸 김의겸도 모르진 않을 것이다.[49] 김의겸은 자신이 올인하는 김건희 의혹 이슈가 정말 중요하다고 생각했다면, 그걸 위해서라도 평소 신뢰에 신경을 썼어야 할 게 아닌가? 그런데 신뢰를 잃기 위해 발버둥치는 것처럼 여러 차례 자해를 저질러놓고 자꾸 의혹만 제기하면 어쩌자는 건가?

그의 롤 모델은 『이솝우화』의 '양치기 소년'인가? "늑대가 나타났다!"는 거짓말도 한두 번이지, 왜 그의 의혹 제기는 번번이 헛발질인가? 그는 그럴수록 민주당 강성 지지자들의 자신에 대한 지지와 애정은 더욱 깊어지고 있다는 반론을 할지도 모르겠지만, 그가 애초에 이런 저질의 당파적 팬덤 정치를 해보겠다고 『한겨레』 기자에서 정치인으로 변신한 건 아니잖은가?

나는 이른바 '폴리널리스트polinalist: politics+journalist' 현상에 관심이 많아 이 주제만으로 책을 써보고 싶은 생각도 있다. 16년 전 『한겨레』는 폴리널리스트를 언론계의 '산업 스파이'라고 비난했는데,[50] 김의겸은 그 수준을 훨씬 넘어선 지 오래다. 자신을 좋아했던 사람들의 신뢰와 기대를 배신했다는 점에선 김의겸이 최악의 폴리널리스트 사례가 아닌가 싶다. 앞으로 그의 활약을 예의 수시하면서 계속 기록하련다.

'빈곤 포르노'보다 나쁜 장경태의 'PC 포르노'

장경태와 김디모데의 김건희 비난

"이번에도 여지없이 또 외교 참사가 발생했다. 김건희 여사의 빈곤 포르노 화보 촬영이 논란이 되고 있다. 가난과 고통은 절대 구경거리가 아니다. 그 누구의 홍보 수단으로 사용돼서도 안 된다. 김건희 여사의 이번 행동은 엄청난 외교적 결례일 뿐 아니라 윤리적으로도 규탄받기 충분하다."[61]

2022년 11월 14일 민주당 최고위원 장경태가 윤석열의 해외 순방 중 김건희가 캄보디아의 의료 취약층 아동과 함께 촬영한 사진에 대해 한 말이다. 목사 김디모데도 페이스북을 통해 김건희 비난에 가세했다. 그는 "기독교 선교회 대표로 국내외 구호 사역을 지금껏 해오고 있지만 이 바닥 NGO나 구호단체들 사이에서 금기시되는 대표적

쓰○기 짓이 있는데 바로 김건희 씨가 한 저 짓"이라며 다음과 같이 주장했다.

"이 작자가 대통령 영부인 놀이에 심취한 나머지 주로 연예인들이 맡아서 하는 홍보대사 활동을 그렇게 해보고 싶었는지는 모르겠으나 '비공개 일정'이라면서 저 따위 콘셉트로 사진을 찍어 그것도 대통령실에서 이걸 제공했다는 사실 자체가 정말 이○들이 미친○들이 아닌가 싶다."[52]

싸가지를 논외로 하자면, 두 사람이 의미 있는 말을 했다. 맞다. 가난을 홍보 수단으로 사용해선 안 된다. 김건희가 잘못했다. 그런데 두 사람 역시 잘못했다. 나는 두 사람이 김건희에 비해 훨씬 더 큰 잘못을 저질렀다고 생각한다. 물론 이건 'PC 포르노'에 강한 문제의식을 갖고 있는 내 생각일 뿐이지만, 왜 그런지 내 이야기를 들어봐주시기 바란다.

자기과시나 모욕을 주기 위한 'PC 포르노'

'PC 포르노'란 말은 없다. 내가 이 사건을 보면서 느낀 게 있어 만든 말이다. PC는 '정치적 올바름Political Correctness'

이다. PC는 사회적 약자와 소수자에 대한 차별적 언어 사용이나 활동에 반대하는 운동인바, 가난을 홍보 수단으로 사용해선 안 된다는 건 전형적인 PC 메시지다.

PC는 정의롭고 진보적인 운동임에도 진보 진영에서 조차 비판자가 많다. PC의 본산지인 미국에서, 2018년 예일대학 조사에선 심층 인터뷰를 한 3,000명 중에서 80퍼센트가 "PC가 문제"라는 부정적인 답변을 했다.[53] 왜 그랬을까? PC를 자기과시나 상대방에게 모욕을 주기 위한 목적으로 써먹는 사람들 때문이다. 나는 PC의 이런 오·남용을 'PC 포르노'라고 부르련다.

김디모데는 "자극적인 편집으로 감정을 유도한다는 선에서 포르노와 비슷하다고 '빈곤 포르노'라는 이름이 붙여진 것"이라는 자상한 설명까지 제시했는데,[54] 'PC 포르노' 역시 자극적인 감정 유도라는 점에선 다를 게 없다. 두 사람의 김건희 비난은 증오를 앞세운 정치적 선전선동의 냄새를 강하게 풍긴다. PC의 정신에 충실하고자 했다면, 비방용 과장법이나 욕설은 쓰지 말았어야 했다. 목사에게도 쓰레기 같은 욕설을 함부로 내뱉을 권리가 있는지는 모르겠지만, 김디모데의 욕설은 그 어떤 기준으로 보건 지나쳤다.

김디모데의 욕설이 지독한 당파성에서 비롯된 게 아니냐는 혐의를 제기할 수도 있겠다. 직업이 목사임에도 그간 윤석열과 적대적 관계를 맺어온 검사 임은정에 대해선 정반대의 정치적 자세를 취하는 게 좀 이상하지 않은가? 그는 11월 20일 "개신교계 원로 목사님들과 교수님들께서 '검찰 개혁'을 위해 고군분투하고 계시는 임은정 검사님을 격려하고 위로해주시기 위한 만남을 가졌다"고 알리면서 "우리 주 예수그리스도의 길을 따라 정의의 길로, 옳은 길로 걸어가고 계신 임은정 검사님을 진심으로 축복하고 많이 응원드린다"고 했다.[55]

장경태의 '빈곤 포르노'

나는 2022년 9월에 출간한 『정치적 올바름: 한국의 문화 전쟁』이란 책에서 "특정인을 겨냥해 속된 말로 잘난 척하면서 싸가지 없게 말하는 사람이 너무 많다"고 지적하면서 "PC의 생명은 겸손"이라고 주장한 바 있다.[56] PC는 이성적 목표이기 때문에 상대방에게 호통을 치면서 모욕을 주는 방식을 쓰면 안 된다. '빈곤 포르노'는 그 어떤 정치인도 자유로울 수 없기에 더욱 그렇다.

장경태를 포함해 많은 정치인이 구사한 '서민 코스프레'·'흙수저 마케팅'과 '빈곤 포르노'의 경계는 분명치 않다. 온라인에서 장경태의 2년 전 국회의원 후보 시절 모습이 재조명되기 시작한 것도 바로 그런 이유 때문이었을 게다. 당시 그는 다수의 매체와 인터뷰하며 자신을 '흙수저'라고 표현했다. 그와 관련된 기사, 유튜브 영상에는 '가난', '짠내'라는 수식어가 빠지지 않았다. 그중 가장 주목을 받은 건, 국회의원 당선 직후 공개된 "'짠내 갑' 노총각 경태 씨. 금배지 단 이야기"라는 제목의 KBS 영상이었다. 『조선일보』에 따르면, 다음과 같은 내용이었다.

기댈 곳 없는 가난한 정치 신인이 우여곡절을 이겨내고 국회의원에 당선된다는 이야기인데, 그중 압권은 그의 집 공개였다. 선거운동을 끝낸 장경태가 집으로 돌아와 현관문을 열자, 좁은 원룸이 눈앞에 등장했다. 가구들은 초라하기 짝이 없었다. 싱크대 바로 앞에는 빨래들이 널린 철제

건조대가 놓여 있었다. 침대와 책상 대신 바닥에는 이불 여러 겹이 깔려 있었고, 밥상으로 보이는 작은 간이 테이블에는 노트북과 키보드가 올려져 있었다.

선거운동을 도우러 고향에서 올라온 아버지는 원룸 바닥에 앉아 가난했던 과거를 회상했다. 장경태도 "집이 어려워 2년이나 늦게 대학에 입학했고, 3시간 수업 듣고 8시간 아르바이트를 했다"며 어려웠던 시절을 떠올렸다. 영상 밑에는 "가난과 어려움을 아는 정치인이야말로 일반적인 국민의 삶을 공감할 수 있다", "짠하다", "이런 정치인이 많아졌으면 좋겠다", "우여곡절이 많으셨네요"라며 그를 격려하고 응원하는 댓글이 이어졌다.

그러나 '빈곤 포르노' 사태 이후, 여권 지지자들에게 이 영상은 짠하게 받아들여지지 않았다. 누구보다 '가난'을 홍보 수단으로 이용한 인물이 장경태라며 김건희에 대한 비판은 '내로남불'이라는 반응이 쏟아졌다. 한 네티즌은 이 영상을 공유하며 "국회의원 후보 시절 누구보다 자신의 빈곤을 팔던 양반이 남을 빈곤 포르노라고 비난할 자격이 되냐"고 썼다. 다른 네티즌들도 "빈곤 포르노가 별거

있냐. 빈곤을 이용해 감성팔이 하면 빈곤 포르노지", "본인 역시 가난을 잘도 써먹었었네"라고 했다.[57]

장경태의 '조명 촬영' 주장은 엉터리

자기편 사람의 '빈곤 포르노'는 미담으로 여기면서 반대편 사람만 골라 비난을 퍼붓는 선택적 'PC 포르노'는 곤란하다. 그건 사회적 갈등을 키우는 '독선과 오만'의 결정체라는 점에서 '빈곤 포르노'보다 더 강한 비판을 받아 마땅하다. 그러나 장경태는 '독선과 오만'을 넘어 '기만'의 수준으로까지 치닫는 듯했다.

장경태는 11월 19일 문제의 사진과 관련해 "(김 여사가) 조명까지 설치하고 (촬영을) 했다"면서 "국제저인 금기 사항을 깬 것"이라고 주장했다. 대통령실은 다음 날 사실 무근이라며 "책임을 묻지 않을 수 없다"고 밝혔다.[58] 한마디로, 엉터리 주장이었다. 그는 조명설을 이야기한 근거는 "해외 사진 전문가가 분석한 외신"이었다고 했지만, 사실은 외신이 아닌 레딧이라는 온라인 커뮤니티 글이었으며, 사진 전문가의 견해라는 것도 사실은 온라인상의 익명인의 주장일 뿐이었다.

네티즌 A는 "장 의원이 제 게시물을 근거 자료로 첨부한 모양"이라며 "법적 논란이 생길 수도 있는 문제에 제 페이스북 게시글을 근거 자료로 사용한 장 의원에게 유감을 표한다"고 밝혔다. 그는 "혹시 '빈곤 포르노' 의혹 제기도 제 페이스북을 보고 최고위원회의에서 발언했느냐"며 "'레딧'은 외신이 아니라 미국 최대 온라인 커뮤니티다. 게시글에 분명히 밝혔는데 외신 분석이라니요"라고 했다. 그러면서 "젊은 사람이 조금 비겁한 느낌"이라고 덧붙였다.[59]

그럼에도 장경태는 끝내 사과하지 않았으며, 이해할 수 없는 이상한 행태를 계속 이어나갔다. 그는 11월 23일 최고위원회에서 "역사상 초유의 대통령실로부터 고발 1호 국회의원이 되었다"며 "역사적인 고발을 해주셨으니, 역사적인 사명감으로 대응하겠다. 제2의 장준하가 되어, 역사의 진실 앞으로 당당하게 나아가겠다"고 주장했다.

이에 『문화일보』 논설위원 이도운은 "이렇게 조금 말이 안 되는 허황된 비유는 지금까지도 본 적이 없는 것 같다"고 했고, 국민의힘 의원 유상범은 이렇게 비판했다. "자신의 '영웅적 모습'에 도취해 자못 열띤 얼굴로 '유신 헌법'까지 들먹이며 '제2장준하'를 자칭해봤자 고인을 모욕하는 일에 지나지 않는다. 비겁하고 비열하고 비루하다. 나이 마흔이 적지 않은데 여전히 없는 사실까지 꾸며가며 집요하게 피해자를 괴롭히는, '학폭 가해자' 같은 정치를 한다."[60]

제발 '아무 말 대잔치'와 결별하라

나는 장경태가 속된 말로 '아무 말 대잔치'를 한다는 느낌을 받을 때가 많다. 장경태의 망언 또는 실언 사례는 많지만, 단연 최악은 그 악명 높은 '마루타 발언'이었다. 그는 2021년 1월 9일 페이스북을 통해 다음과 같은 망언을 해 많은 사람을 깜짝 놀라게 만들었다. "국민의힘은 완벽하세 검증받지 못한 '백신 추정 주사'를 국민에게 주입하자고 한다. 사실상 국민을 '코로나 마루타'로 삼자는 것이다. 의료 목적이라 주장했던 일본 731부대의 망령이 현재의 대한민국에 부활한 것 같아 안타깝다."[61]

당시 한국은 전 세계 196국(유엔 기준) 중 102번째 코로나19 백신 접종국이 되었을 정도로 백신 접종이 늦었다. 문재인 정권이 잘못을 인정하면서 앞으로 잘하겠다고 했으면 다 넘어갈 수 있는 일이었지만 문재인 정권은 그렇게 하지 않았다. K방역 자화자찬 마인드에 중독된 탓인지 정부와 여당 모두 사실을 왜곡하면서까지 잘못한 게 전혀 없다고 빡빡 우기고 나섰다.

이런 우기기에 앞장선 문재인은 "그동안 백신을 생산하는 나라에서 많은 지원과 행정 지원을 해서 백신을 개발했기 때문에 그쪽 나라에서 먼저 접종되는 것은 어찌 보면 불가피한 일"이라는 말도 안 되는 엉터리 말을 했다.[62]

그래도 문재인은 '백신 불안감'을 부추기는 말은 하지 않았지만, 일부 민주당 의원들은 경쟁적으로 '백신 공포'를 부추기는 수준으로까지 나아갔고, 바로 그런 어리석은 경쟁에서 장경태가 선두, 즉 최악의 망언을 한 것이다. 장경태에게 정작 필요한 건 '정치적 올바름' 이전에 '인간적 올바름'이 아닐까? 아직 젊어서 시간이 많이 있으니 너무 성급하게 굴지 말고 제발 '아무 말 대잔치'와 결별하는 게 좋겠다.

증오를
위한
공감인가?

'증오의 광기'가 들끓는 대한민국

고대 그리스 철학자 플라톤은 사랑에 빠진 사람의 광기가
최고로 행복한 상태라고 했다지만,[1] 보답받지 못한 사랑의
광기는 지옥으로 가는 지름길일 수도 있다. 앞의 광기와 뒤
의 광기는 어떻게 다른 걸까? 고대 로마의 스토아학파 철
학자 세네카는 "약간의 광기를 띠지 않은 위대한 천재란
없다"고 했다지만,[2] 이런 종류의 광기는 사실상 세네카의
목숨을 앗아간 폭군 네로의 광기와는 어떻게 다른 걸까?

이런 의문이 시사하듯이 광기엔 두 얼굴이 있고, 우

리 인간은 늘 그 두 얼굴에 대해 많은 생각과 고민을 해왔다. 대체적으로 보아도 결론은 늘 하나로 모아진다. 결과가 좋으면 '아름다운 광기', 결과가 좋지 않으면 '추악하거나 사악한 광기'였다. 어떤 분야에서건 큰 성공을 거둔 사람들에 관한 이야기엔 그들이 성공을 위해 보인 광기가 빠지지 않고 등장한다. 물론 예찬의 용도로 말이다. 큰 사회적 지탄을 받은 사람들에 관한 이야기에도 그들의 광기가 거론되지만, 이건 비난의 용도로 소비된다.

광기는 사람들을 매혹시키는 신비한 앎으로 여겨지기도 했고, 때론 창조적 정신이 지닌 특별한 자산의 하나로 대접받기도 했다. 영국 작가 찰스 램이 친구인 새뮤얼 테일러 콜리지에게 했다는 다음 말은 오늘날에도 창조성을 중히 여기는 분야의 사람들 사이에선 수없이 반복되는 금언이 되었다. "미쳐 보기 전까지는 자네가 위대하고도 거친 상상력 전부를 시험해봤다고 생각하지 말게나."[3]

이 금언은 한국에선 '불광불급不狂不及'이란 말로 표현되었다. 어떤 일을 하는 데 미치광이처럼 그 일에 미쳐야 목표에 도달할 수 있다는 말이다. 불광불급의 장점은 강력한 집중과 추진력이다. 이는 특히 지도자들에게 필요한 덕목이었다. 독일계 미국 철학자이자 정신분석학자인 에리히 프롬이 지적했듯이, "지도자들의 광기야말로 그들을 성공시킨 요인이다. 그들은 확신을 갖고 보통 사람들이라면 후회할 일에도 아무런 회의를 느끼지 않았다".[4] 그러나 불광불급은 큰 부작용을 낳기도 했다. 불광불급 상태에선 절차에 대한 존중과 도덕성이 들어서기 어려웠기 때문이다.

시대적 상황에 따라 광기를 보여야 할 사람들이 침묵하고 침묵해야 할 사람들이 광기를 보이는 비극도 나타난다. 아일랜드 시인 윌리엄 버틀러 예이츠는 "최고의 인물들은 신념을 잃어가고, 최악의 인간들은 광기로 가득하네"라고 노래했는데,[5] 이는 동서고금을 막론하고 세상이 어지럽고 어두워지면 나타나는 현상이다. 선거라고 하는 제도는 그런 현상을 부추기는 것처럼 보였다. 미국 코미디언 윌 로저스의 말처럼, "선거에서 최고의 사람이 신출되기를 바라지만 불행하게도 그런 사람은 출마를 하지 않는다".[6]

창조적 광기는 주로 개인에게 나타나는 것이며, 집단의 광기는 창조보다는 파괴에 더 가까운 경우가 많다. 독일

철학자 프리드리히 빌헬름 니체는 "광기란 개인에게는 예외가 되지만 집단에게는 규칙이 될 수 있다"고 했는데,[7] 사실 집단은 파괴적 광기를 드러내는 데에 여러모로 유리한 조건을 갖추고 있다. 그 어떤 광기일지라도 모두가 미쳐 돌아가면 이상할 게 전혀 없기 때문에 자신들의 행위가 광기인지 아닌지조차 알기 어려워지며, 집단 내에선 광기가 극단으로 치달을수록 순수하며 사심이 없다는 평가를 받을 수도 있기 때문이다.

『대중의 미망과 광기』(1841)의 저자인 스코틀랜드 저널리스트 찰스 매카이는 "세상이 너나 할 것 없이 미쳐 돌아갈 때는 같이 미친 척해야 한다"는 명언을 남겼다. 이는 1720년 영국에서 벌어진 집단적 투기 광풍에 대해 당시 어떤 은행가의 말을 빌려 한 말이라지만,[8] '투기 광풍' 못지않게 '증오 광풍'이 불어닥칠 때에도 지켜야 할 원칙이 되었다. '증오의 광기'가 사회적으로 들끓을 땐 다수를 따라 증오의 언어를 구사하며 미치거나 미친 척하지 않으면 왕따의 위험을 감수해야 하기 때문이다.

미국 역사가 헨리 브룩스 애덤스가 지적했듯이, "현

실 정치는 무엇을 가장하든, 언제나 체계적인 증오를 조직화하는 데 달려 있다"고 해도 과언이 아니다.[9] 결코 유쾌하지 못한 현실이지만, 그걸 인정하고 들어갈 때에 비로소 증오를 정면 대응할 수 있다. 프랑스 철학자 줄리앙 벤다는 『지식인들의 배신』(1927)에서 "우리 시대는 정치적 적개심의 지적 조직화의 시대이다"고 했지만,[10] 그 어떤 시대이건 그렇지 않은 적은 단 한 번도 없었다. 정치적 선전선동의 본질이 '적개심의 지적 조직화'이기 때문이다.

우리 시대의 유별난 특성이 있다면, 그건 디지털 혁명으로 인해 '증오의 조직화'가 대중에 의해 광범위하게 소용돌이처럼 일어나고 있으며, 정치권이 그 소용돌이에 끌려 들어가고 있다는 점이다. 과거엔 정치적 선전선동은 정치 조직에 소속되었거나 고용된 이들이 하는 일이었지만, 오늘날엔 '유튜브 현상'이 말해주듯이 수많은 정치적 자영업자나 알바족의 주요 생계 수단이 되었다. 이들의 경쟁력은 누가 더 증오와 혐오를 잘 부추겨 사람들을 광기의 수준으로까지 몰아갈 수 있느냐에 달려 있다.

한 나라의 사람들이 둘로 편을 갈라 집단적으로 증오

의 광기 대결을 벌일 때에 그 어느 편에도 속하지 않거나 속할 수 없는 사람들은 증오의 광기를 더 잘 보거나 느낄 수 있지만 그렇기 때문에 더욱 괴로워할 수밖에 없다. 싸우는 양쪽 모두 승리에 대한 희망으로 위로받을 수 있겠지만, 그런 승리의 허망함과 부질없음을 꿰뚫어보는 사람은 그 어떤 위로도 없이 양쪽 모두에서 외면당하거나 비난받는 고독을 감수해야만 한다.

증오의 힘은 위대하다. 한 집단 내의 갈가리 찢겨진 분열을 치유하는 놀라운 능력을 갖고 있기 때문이다. 혹 그런 경험이 없으신가? 친하지 않은 사람일망정 누군가를 같이 증오할 때 느끼는 묘한 연대감 말이다. 미국 사회운동가 에릭 호퍼는 "우리는 증오를 통해 자기와 비슷한 사람들과 결합하여 하나의 불길로 끓어오르려는 갈망에 전율하는 익명의 분자가 된다"며 다음과 같이 말한다.

"공동의 증오는 아무리 이질적인 구성원들이라도 하나로 결합시킨다. 공동의 증오심을 품게 되면 원수 된 자라 해도 어떤 동질감에 감화되며, 그럼으로써 저항할 힘이 빠져나간다. 히틀러가 반유대주의를 이용한 것은 동족 독일인들을 단합하기 위해서만이 아니라 유대인을 증오하는 폴란드와 루마니아, 헝가리의 결연한 저항을 약화시키려는 의도도 있었으며, 심지어는 프랑스에서도 이를 꾀했다. 히틀러는 반공주의도 이와 비슷하게 이용했다."[11]

게다가 분노는 고통을 동반하지만 증오는 고통을 동반하지 않으며, 분노는 시간이 지남에 따라 사그라질 수 있지만 증오는 사그라지지 않는다.[12] 어디 그뿐인가? 열정적인 증오는 공허한 삶에 의미와 목적을 줄 수 있기 때문에 인생이 무의미하다는 생각에 사로잡힌 사람들을 끌어들여 강력한 정치적 자원을 형성할 수 있다.[13]

지금 우리는 그런 증오의 대량생산·대량 유통 시대에 살고 있나. 씨우는 양쪽 사이에 이해와 소통은커녕 그게 필요하다는 문제의식조차 사라져버린 지 오래다. 미국 기업가 워런 버핏은 "썰물이 빠져나가면 누가 벌거벗고 수영하는지 드러난다"고 했지만,[14] 정치엔 투자나 투기와는 달리 그런 판별 기회조차 없다. 과거엔 대국적 관점에서 이 국가적 내분, 아니 내전을 중단하자고 외칠 무게 있는 지식인들이 있었지만, 디지털 혁명의 부작용 때문인지는 몰라도 지금은 어느 한 진영에 자신의 안락한 둥지를 틀고 증오의 선전선동 메시지를 생산해내는 지식인들만 있을 뿐이다.

증오의 언어는 장사가 되고 돈이 된다지만, 돈 욕심이 없는 성직자들마저 이런 증오의 언어 생산에 가담했으니 이를 어찌할 것인가? "전용기가 추락하길 바라마지 않는다. 온 국민이 '추락을 위한 염원'을 모았으면 좋겠다."[15] "경찰분들!!! 윤석열과 국짐당이 여러분의 동료를 죽인 것입니다. 여러분들에게는 무기고가 있음을 잊지 마십시오."[16] 증오가 그 어떤 시대정신이 된 게 아니라면 어찌 이런 일이 가능한 것인지 도무지 믿기지 않는다.

나는 윤석열이 자신을 증오하는 사람들의 광기를 탓하기 전에 일순간이나마 그들이 그렇게 말해도 괜찮다고 믿게 만든 사회적 차원의 광기에 자신이 져야 할 책임은 없는지 처절하게 성찰하길 바란다. '이태원 참사'가 일어났을 때 대통령과 행정안전부 장관부터 즉각 "모든 게 다 내 책임"이라고 외치거나 울부짖는 모습을 보여줄 순 없었을까? 그렇게 하는 걸 '쇼'라고 생각하는 대응 방식이야말로 국정 운영에 어울리지 않는 옹졸한 법조인 마인드의 광기일 수 있다는 걸 생각해보면 좋겠다.

증오의 명분으로 이용되는 당파성

다른 인종을 폄하하는 데 전념하는 미디어 채널은 없다. 다른 젠더를 폄하하는 데 전념하는 미디어 채널도 없다. 아니 전혀 없진 않지만, 음지가 아닌 양지에서 그런 일로 사회적 주목을 받을 만큼 영향력을 행사하는 미디어 채널은 없다는 뜻이다. 그러나 양지에서 다른 정당이나 정치적 정체성을 폄하하는 데 전념하는 미디어 채널은 있다. 아니 있는 정도를 넘어서 많다. 그것도 영향력이 매우 강하다. 우리는 이걸 이상하게 생각하지 않는다. 아니 당연하게 생각한다. 당파적 적대감은 우리 사회가 허용할 뿐만 아니라 적극적으로 장려하는 몇 안 되는 차별 중 하나이기 때문이다.

미국 언론인 에즈라 클라인의 『우리는 왜 서로를 미워하는가』(2020)라는 책에 나오는 이야기다. 그런 현실에 대해 정치학자 샨토 아이엔가는 이렇게 말한다. "정치적 정체성은 증오를 위한 만만한 구실입니다. 인종 정체성이나 젠더 정체성은 그렇지 않습니다. 오늘날 우리는 사회 집단에 대한 부정적인 감정을 표현하지 않습니다. 그러나 정치적 정체성은 예외입니다. 공화당원은 공화당원이 되기로 선택한 사람이므로, 그들에 대해 하고 싶은 말은 뭐든지 할 수 있다는 식입니다."[17]

이런 '정치적 양극화'에 관한 한 한국은 놀라울 정도로 미국과 비슷한 나라다. 다른 정치적 정체성을 폄하하는 데 전념하는 미디어 채널들은 디지털 혁명 덕분에 성장 산업이 된 지 오래다. 지식인들도 그런 채널들에 의탁해 자신의 명성을 유지하면서 적대 세력에 대한 증오와 혐오를 원하는 팬덤의 수요에 적극 부응한다. 이렇듯 증오의 명분으로 이용되는 당파성은 국가와 공동체의 분열을 초래한다. 하지만 그런 분열로 밥을 먹고 이름을 얻는 사람들의 수가 크게 늘어 막강한 기득권층을 형성하면서 정치는 '분열 산업'으로 다시 태어난다.

이론적으론 문제될 게 없다. 갈등은 '민주주의의 위대한 엔진'이기 때문이다.[18] 문제는 어떤 갈등이냐 하는 것이다 선과 악의 구도가 뚜렷이 형성되어 '우리'와 '그들'

간의 반목으로 치닫게 된 갈등, 즉 '고도 갈등'이 우리 사회의 지배적인 갈등이라면 어찌할 것인가? 이 문제에 주목해 온 언론인 아만다 리플리는 『극한 갈등: 분노와 증오의 블랙홀에서 살아남는 법』(2021)에서 다음과 같이 말한다.

"오늘날 진영 간의 대립 구도를 부추기는 모든 운동은 폭력의 여부와 상관없이 안으로부터 스스로 무너지는 모습을 보여준다. 고도 갈등은 차이를 용납하지 않는다. 세상을 선악이라는 이분법으로 나누는 관점은 그 자체로 편협하고 제한적인 사고방식이다. 이런 관점은 많은 사람의 힘을 규합하여 어려운 문제를 풀고자 하는 노력을 방해한다."[19]

이는 우리 사회가 처해 있는 현실이기도 하다. 그간 나온 각종 '갈등' 관련 국제 조사에서 한국은 세계 1위 아니면 최상위권을 점할 정도로 명실상부한 '갈등 공화국'인 것으로 나타났다. 2022년 한국갤럽 조사에선 국민의힘 지지자의 89퍼센트, 민주당 지지자의 92퍼센트가 상대 정당이 싫다고 답했다. 자신이 지지하는 정당이 좋다고 답한 비율은 국민의힘 지지자의 70퍼센트, 민주당 지지자의 73퍼센트에 머물렀다.[20] 이게 바로 한국 정당들이 스스로 잘하려고 애쓰기보다는 상대 정당을 비난하는 선전선동에 모든 걸 바치는 배경이자 이유가 되고 있다.

정치학자 로버트 퍼트넘은 "감정 온도계에서 측정된 정당 간 적개심은 오늘날 인종적·종교적 적개심보다 훨씬 강렬하다"며 통혼 문제를 예로 든다. 자식이 반대 정당 당원과 결혼하는 걸 반대하는 부모들이 점점 늘고 있다는 것이다. 이런 반대 비율은 1960년에서 2010년에 이르는 사이에 민주당원들 사이에서는 4퍼센트에서 33퍼센트로, 공화당원들 사이에서는 5퍼센트에서 49퍼센트로 증가했다나.[21]

한국의 정당 간 적개심도 미국 이상으로 심각한 수준이다. 통혼 문제에서도 부모 이전에 자신들이 스스로 정치 성향을 결혼의 조건으로 내걸고 있다. 일부 조사에선 미혼 남녀의 57퍼센트가 '정치 성향이 다르면 소개팅으로 만나기 싫다'고 답했으며, 이를 반영하듯 남녀를 연결해주는 데이팅 앱들은 가입자들이 필수적으로 작성해야 하는 기본 정보 문항에 '정치 성향'을 묻는 질문을 추가했다.[22] 『조선일보』·케이스탯리서치가 실시한 신년 기획 여론조사에서 끼리 저당이 다른 사람과 결혼 관계를 맺는 게 '불편하다'

는 응답은 여야 지지층 모두 각각 44.5퍼센트와 47.9퍼센트였으며,[23] "정치 성향 다르면 밥도 먹기 싫다"는 사람은 40퍼센트였다.[24]

더욱 비극적인 건 정당 내부에서도 그런 갈등이 똑같이 일어나고 있다는 점이다. 최근 국민의힘에서 당대표 선출을 둘러싸고 벌어진 갈등은 "누가 더 잘할 수 있나"는 경쟁이 아니라 "누구는 절대 안 돼"라며 찍어내는 제거 '경쟁'의 극치를 보여주었다. 윤석열은 주변에 "무례의 극치"라는 말을 했다는데, 그 말이 누구를 겨냥했건 대통령 자신의 그런 거친 개입 행태가 국민에 대한 "무례의 극치"라는 건 꿈에서도 생각해본 적이 없는 걸까?

왜 그렇게 자신감이 없는 걸까? 아직 정권 출범 1년도 안 되었는데 스스로 무너져 내린 윤석열과 국민의힘의 한심한 모습은 당파성이 증오의 명분으로 이용되어온 역사의 업보인지도 모르겠다. 생각이 조금이라도 나른 사람들과는 일을 같이할 수 없고 협력도 할 수 없다는 생각은 일반 유권자들마저 오염시키고 말았다.

정치 성향이 다르면 밥도 같이 먹기 싫다는 사람이

많은 사회에서 정치와 민주주의가 가능한가? 이제 인정할 건 인정하자. 지금 우리가 하고 있는 건 정치가 아니다. 민주주의가 아니다. 양쪽 모두에 등을 돌린 소수의 무당파나 중도파가 선거의 승패를 결정해주니까 형식적으론 우리가 정치와 민주주의를 하는 것처럼 보이지만, 실은 우리는 상대편에 대한 반감과 증오의 배설 경쟁을 하고 있을 뿐이다.

이대로 좋은가? 좋지 않지만, 답(해결책)이 없다. 어느 쪽이건 당파성이 강한 사람들에게 좀 경멸하는 듯한 자세를 취하는 게 해법일 수 있지만, 이는 속된 말로 '쪽수'에서 밀려 대안이 되기 어렵다. 양쪽을 모두 합하면 당파성이 강한 사람들이 다수인지라 오히려 그들에게 되치기를 당할 수도 있다. 첫술에 배부르랴. 욕심 내지 말고, "증오의 명분으로 이용되는 당파성"에 대한 인식만 분명히 해도 당파성을 위선이나 기만의 도구로 악용하려는 시도에 그러지 말라며 눈치라도 줄 수 있지 않을까?

증오의 선동과 유지엔 악마가 필요하다

"증오만큼 끈질기고 보편적인 정신력은 없다." 미국의 목사이자 노예 폐지 운동가였던 헨리 워드 비처의 말이다. 영국 철학자 버트런드 러셀도 비슷한 말을 했다. 그는 냉소를 넘어설 수 있는 증오의 힘에 대해 다음과 같이 말했다.

"힘을 가진 자들은 냉소적이지 않다. 자신들의 사상을 집행할 수 있기 때문이다. 압제의 희생자들도 냉소적이지 않다. 그들은 증오로 가득 차 있으며 증오란 것은 다른 강한 열정들과 마찬가지로 부수적인 일련의 믿음들을 수반하기 때문이다.……차르 정권이 레닌의 형제들을 살해했지만 그것이 레닌을 냉소주의자로 바꿔 놓진 못했다. 오히려 증오가 일생에 걸쳐 활동력을 불러일으켰기 때문에 그는 결국 성공했다. 그러나 보다 안정된 서구의 국가들에는 증오를 불러일으킬 만한 강력한 원인이나 대단한 복수의 기회 따위는 존재하지 않는다."[25]

"사람들이 자신들의 증오에 고집스럽게 매달리는 이유 중 하나는 일단 증오가 사라지면 어쩔 수 없이 고통과

맞닥뜨려야 한다는 사실을 알고 있기 때문일 것이다."[26] 미국의 흑인 작가 제임스 볼드윈의 말이다.

"증오가 유지되기 위해서는 적이 단지 다른 사람의 집단쯤으로 보여서는 안 된다. 적은 사악해야 하며 우리의 안녕에 위협이 되어야 한다. 적을 다룰 때에는 정상을 벗어난 행동을 정당화할 어떤 명분이 있어야 한다. 그러기 위해서 적은 악마나 악의 대리자가 되며, 일반 사람을 대하듯이 해서는 안 되는 비인간적인 존재가 되어야 하는 것이다."[27] 미국 정신분석학자 윌러드 게일린이 『증오: 테러리스트의 탄생』(2003)에서 한 말이다.

"증오하는 자에게는 자기 확신이 있어야 한다. 한 점의 회의도 있어선 안 된다. 그 앞에서 의심하는 자는 증오할 수 없다. 회의한다면 그렇게 이성을 잃을 리 없다. 증오에는 절대적 확신이 필요하다. 모든 '어쩌면'은 걸리적거리며 방해만 한다. 모든 '혹시'는 증오 속으로 침투해 어딘가로 분출했어야 할 그 힘이 새나가게 한다."[28] 독일 작가 카롤린 엠케가 『혐오 사회: 증오는 어떻게 전염되고 확산되는가』(2016)에서 한 말이다.

"조직에서 나오기 전에는 매일 아침 눈을 뗄 때마다 누가 나쁜 놈인지 알았다. 지금은 그런 확실함이 사라졌다. 그래서 적지 않은 사람들이 우울증을 앓는다." 청소년 시절 6년 동안 독일 튀링겐의 네오나치 집단에서 활동했던 반反극우 운동가 크리스티안 바이스게르버의 말이다. 이와 관련, 오스트리아 사회학자 라우라 비스뵈크는 『내 안의 차별주의자: 보통 사람들의 욕망에 숨어든 차별적 시선』(2018)에서 다음과 같이 말한다.

"바이스게르버의 말은 복잡한 세상에서 단순함과 명확한 방향을 바라는 우리의 욕망을 아주 적확하게 짚는다. 고정관념이 그러하듯 적개심도 방향을 제시한다. 뿐만 아니라 타인을 배제하거나 제거하려는 태도를 정당화해 때로 파괴적 잠재력까지 발휘할 수 있다."[29]

미국의 커뮤니티 조직가이자 작가인 샐리 콘은 『왜 반대편을 증오하는가: 인간은 왜 질투하고 혐오하는가』(2018)에서 "서로 다른 집단들끼리 싸움을 붙이고, 집단적인 피해의식을 조장하고, 희생양을 찾아 그들에게 죄를 뒤집어씌우는 것이 훨씬 더 수월하기 때문에 증오를 선동하는 북소리가 끊이지 않고 있다"며 "분노와 두려움에 기름을 붓는 수많은 문제들의 진짜 원인과 복잡하게 뒤엉켜 있는 조직적인 요인들을 이해하고 설명하는 것보다, 인간성을 말살하고 악마처럼 묘사하는 게 훨씬 더 쉬운 일이긴 하다"고 말했다.[30]

샐리 콘과 윌러드 게일린이 잘 지적했듯이, 증오의 선동과 유지엔 악마가 필요한 법이다. 진짜 악마를 만들어낼 순 없으니 '악마화'라고 하는 '증오 마케팅'이 기승을 부린다. 진보 정치가 노회찬은 『대한민국 진보, 어디로 가는가: 노회찬, 작심하고 말하다』(2014)에서 진보 진영의 '증오 마케팅'을 '진보가 극복해야 할 자기 한계'라며 다음과 같이 말한 바 있다.

"증오와 분노에는 분명한 근거와 이유가 있다. 하지만 모든 걸 다람쥐 쳇바퀴 돌리듯 증오 시스템으로, 증오 프레임으로 설명해버리면 상대가 가진 장점을 볼 수 없게 된다. 왜 국민들이 저들에게 표를 주는지 납득도, 이해도 하지 못하면서 '국민들이 바보라서 속아 넘어갔다', '국민들 의식이 낮다', 이런 식으로 치부하게 되는 것이다. 상대에게도 배울 것이 있고 따라할 게 있는데 무조건 자기가 옳다고 한다."[31]

'증오 마케팅'에 중독된 사람들에게 이성적 호소는 무력하다. 차라리 감성적으로 접근하자. "나는 증오를 나누어 갖기 위해서 태어난 것이 아니에요. 나는 사랑을 나누어 갖기 위해서 태어났어요."[32] 고대 그리스의 비극 시인 소포클레스의 비극『안티고네』에 나오는 말이다. 미국의 교육자이자 흑인 인권운동가인 부커 워싱턴은 "누군가를 증오하는 건 내 영혼이 편협해지고 타락하는 길이다. 그 누구도 나를 그렇게 만들 수는 없다"고 했다.[33]

미국의 흑인 민권운동 지도자인 마틴 루서 킹은 "어둠은 어둠을 몰아내지 못한다. 빛만이 그럴 수 있다. 증오는 증오를 쫓아내지 못한다. 사랑만이 할 수 있다"고 했다.[34] 증오의 선동과 유지엔 악마가 필요하다는 사실 하나만 명심해도 어떤 사람이나 집단에 대한 공감을 앞세워 자신이 저지르는 악마화에 대해 다시 생각해볼 수 있지 않을까?

'감정이입'보다는 '역지사지'가 좋다

"어떤 사람이 다른 사람에게 억압당하거나 해를 입는 모습을 목격할 때, 피해자의 고통에 공감하는 감정은 피해자가 가해자에게 품는 원한에 동류의식을 갖도록 촉발할 뿐이다. 우리는 피해자인 그가 상대방을 공격하는 모습을 보고 즐거워하고, 그가 자기방어를 하거나 정도를 벗어나지 않는 범위 내에서 복수하려고 하면 기꺼이, 그리고 열렬히 도우려 한다."[35]

영국 경제학자 애덤 스미스가 『도덕감정론』(1759)에서 한 말이다. 이처럼, 공감은 폭력을 자극할 수 있다는 생각은 오래된 것이지만, 오늘날엔 '공감 예찬론'만 흘러넘칠 뿐 공감의 위험에 대한 경고는 드문 편이다. 정의로운 응징은 필요한 것이지만 적정선을 지키는 게 쉬운 일은 아니기에 공감의 명암明暗에 대한 균형된 이해를 갖는 게 좋지 않을까?

미국 사회학자 대니얼 뱃슨 연구팀은 1995년 『인성 및 사회심리학 저널』에 「공감에서 유발된 이타주의의 비

도덕성: 동정과 정의가 갈등을 빚을 때」라는 논문을 발표했다. 연구팀은 도움이 필요한 사람들에게 한정된 자원을 나눠주게 하는 실험을 했다고 한다. 공감을 배제하라는 지시를 받은 사람들은 자원을 공평성의 원칙에 따라 분배했지만, 공감에 따라 행동한 사람들은 공평성과 정의의 원칙에 반하게 자원을 분배한 것으로 밝혀졌다.[36]

독일 인지과학자 프리츠 브라이트하우프트는 『나도 그렇게 생각한다: 공감의 두 얼굴』(2017)에서 공감과 갈등의 관계에 대해 다음과 같이 말한다. "짧은 순간이라도 희생자들의 장례식을 공개적으로 진행하거나, 희생자들의 유족들이 애도하는 모습을 보여주거나, 고통받는 (이슬람) 민족 또는 (미국의 흑인) 집단에 대하여 서술하는 등 희생자들의 몸과 고통을 보여주면 이미 잠재해 있던 편들기나 집단에 대한 소속감이 엄청나게 자극받으면서 공감이 유발될 것이다.……공감이 통제되거나 방향이 조종되지 않으면 갈등을 약화시키기보다는 오히려 첨예화시키는 경향이 있다."[37]

앞서 '머리말'에서 지적했듯이, 공감의 두 얼굴을 다 보려면 공감을 '정서적 공감'과 '인지적 공감'으로 나눠서

보는 게 좋겠다. 장대익은 『공감의 반경: 느낌의 공동체에서 사고의 공동체로』(2022)에서 "정서적 공감이란 쉽게 말해 감정이입이다. 즉 타인의 감정을 함께 느끼는 상태라고 할 수 있다. 익숙하고 쉽고 자동적이다. 인지적 공감은 타인의 관점(입장, 생각)을 이해하는 능력이다. 역지사지易地思之가 알맞은 표현이다. 한데 정서적 공감과 달리 자동적이지 않아 의식적으로 그렇게 하도록 노력해야 한다"며 다음과 같이 말한다.

"인간은 정서적 공감만으로는 가장 번영한 종이 될 수 없었다. 인간은 이 두 가지 공감력을 바탕으로 서로 협력하고 타인을 배려하며 함께 문명을 건설해왔다. 협력은 울타리 안의 집단을 초월해서 일어나기 때문이다. 그런데 우리 통념이 보여주듯이 정서적 공감이 여전히 공감의 지분을 너무 많이 차지하고 있다. 두 공감력 중에서 상대적으로 진화 역사 초기에 형성되었으며 즉각적으로 느끼는 감정이라는 점에서 말이다. 정서적 공감의 과잉은 그래도 공감하지 않는 것보다는 낫지 않느냐며 쉽게 넘길 문제가 아니다."[38]

이어 장대익은 "우리는 내집단 구성원들에 대한 감정이입에는 능숙하다. 하지만 이 감정이입은 강도는 세지만 지속력이 짧고 반경도 작다. 나는 이런 성향을 '부족 본능 tribal instinct'이라 부르고자 한다. 비교적 소규모 집단을 이루며 살았던 호모 사피엔스의 조상에게는 자기 사람들을 더 챙기는 부족 본능이 생존에 유리한 형질이었을 것이다"며 다음과 같이 말한다.

"그러나 전 세계가 연결된 지금도 여전한 힘을 발휘하는 부족 본능은 갖가지 부작용을 일으키고 있다. 부족 본능은 더 넓어질 수 있는 우리의 공감력을 자꾸 안쪽으로 좁힌다. 그렇기에 부족 본능은 안쪽으로 향하는 공감 구심력의 핵심이다. 따라서 인간이 부족 본능이라는 좁은 테두리를 어떻게 뚫고 나올 수 있느냐는 공감의 반경을 넓히려는 우리의 목적에서 가장 중요한 과제다."[39]

사정이 그와 같다면, 우리 모두 자동적으로 이루어지는 '감정이입'보다는 의식적인 노력이 필요한 '역지사지'를 위해 애쓰는 게 어떨까? "정서적 공감과 정서적 공감이 만드는 부족 본능은 갈등의 치료제보다는 폭력의 증폭제로 작용하기 쉽다"는 장대익의 경고를 잊지 않으면 좋겠다.[40] 누군가를 위한다면서 또 다른 누군가에 대한 증오와 혐오를 키우기 위한 공감과는 이젠 작별을 고해도 좋지 않을까?

공감은 태양이 아니라 스포트라이트다

"낯선 사람을 친구와 동등하게 느낄 정도로 공감의 기울기가 평평해지기를 바라는 것은 20세기 최악의 유토피아적 이상과 다르지 않다." 미국 진화심리학자 스티븐 핑커가 『우리 본성의 선한 천사』(2011)에서 한 말이다. 그는 "네 이웃과 적을 사랑하라"보다는 "네 이웃과 적을 죽이지 마라. 설령 그들을 사랑하지 않더라도"가 더 나은 이상이라고 했다.[41]

"공감은 지금 여기 있는 특정 인물에게만 초점이 맞춰진 스포트라이트다. 공감은 그 사람들에게 더 마음을 쓰게 하지만, 그런 행동이 야기하는 장기적 결과에는 둔감해지게 하고, 우리가 공감하지 않거나 공감할 수 없는 사람들의 고통은 보지 못하게 한다. 공감은 한쪽으로 편향되어 있어서 지역 이기주의와 인종차별주의 쪽으로 우리를 밀고 간다. 공감은 근시안적이어서, 단기적으로는 상황을 개선할 수 있을지 모르지만 미래에는 비극적인 결과를 초래하는 행동을 유도한다."[42]

미국 심리학자 폴 블룸이 『공감의 배신: 아직도 공감이 선하다고 믿는 당신에게』(2016)에서 한 말이다. 그는 "우리는 공감의 긍정적 효과를 꼽느라 바빠서 공감의 대가를 깨닫지 못할 때가 많다"며 이렇게 말한다. "부분적인 이유는 자신이 선호하는 대의와 신념이 공감을 통해 강화되었다고 믿는 자연스러운 경향성 때문이다. 즉 사람들은 대개 친절하고 정당한 행농은 공감에 뿌리를 둔 것으로 생각하고, 쓸모없거나 잔인한 행동은 다른 데 뿌리를 둔 것으로 여긴다. 그러나 이것은 착각이다."[43]

네덜란드 언론인 뤼트허르 브레흐만은 『휴먼 카인드: 감춰진 인간 본성에서 찾은 희망의 연대기』(2019)에서 "공감은 스포트라이트"라는 블룸의 주장을 소개하면서 이렇게 말한다. "공감은 세상을 비추는 선한 태양이 아니다. 스포트라이트, 즉 집중 조명이다. 또한 그것은 당신의 삶에서 특정한 사람이나 집단을 골라내고, 당신이 그 한 줄기 빛에 가득 담긴 감정을 모두 빨아들이느라 바쁜 동안 나머지 세상은 어둠 속으로 사라진다."[44] 이어 브레흐만은 "공감은 절망적으로 제한된 기술"이라는 블룸의 주장을 소개하면서 다음과 같이 말한다.

"공감은 우리와 가까운 사람들, 즉 우리가 냄새를 맡고 보고 듣고 만질 수 있는 사람들에게서 느끼는 것이다. 가족과 친구, 우리가 가장 좋아하는 음악 밴드의 팬들, 그리고 아마도 길거리에 있는 노숙자 등에게. 우리의 눈길이 미치지 않는 곳의 공장식 축산 농장에서 학대당한 동물을 먹으면서도 우리는 손으로 쓰다듬을 수 있는 귀여운 강아지들에게 공감을 느낀다. 텔레비전에 등장하는 사람들의 경우 슬픈 배경 음악이 점점 크게 울리는 동안 주로 카메라가 확대하는 대상에게 공감을 느낀다."[45]

브레흐만은 블룸의 책을 읽으면서 공감이 뉴스라는 현대의 현상과 꼭 닮았다는 것을 깨닫기 시작했다고 말한다. 그는 "공감이 특정 항목을 확대해 우리를 오도하는 것처럼 뉴스도 예외 항목을 확대해 우리를 속인다. 한 가지는 확실하다. 더 나은 세상은 더 많은 공감에서 시작되지 않는다"며 다음과 같이 말한다.

"공감은 우리로 하여금 덜 용서하게 만든다. 왜냐하면 우리가 피해자와 더 많이 동일시할수록 적에 대해 더 일반화하기 때문이다. 우리가 스스로 선택한 소수에게 밝은 스포트라이트를 비추면 적의 관점은 보지 못하게 된다. 다른 사람들은 모두 우리의 시야에서 벗어나기 때문이다. 이는 강아지 전문가 브라이언 헤어가 이야기한, 우리를 지구상에서 가장 친절하면서도 잔인한 종으로 만드는 메커니즘이다. 슬픈 진실은 공감과 외국인 혐오증이 함께한다는 것이다. 이는 동전의 양면이다."[46]

100년 전 미국 언론인 월터 리프먼이 뉴스를 '스포트라이트' 대신 '서치라이트'로 비유했다는 게 흥미롭다. 그는 "진실과 뉴스는 동일하지 않다"고 밀했나. "뉴스의 기능은 사건을 두드러지게 하는 것이고 진실의 기능은 감춰진 사실들을 밝혀내고 그 사실들 사이의 올바른 관계를 정립시키고 사람들이 행동할 수 있는 근거로 삼을 현실의 그림을 만드는 것이다." 리프먼에 따르면, 언론은 사건을 하나씩 어둠에서 꺼내 빛을 밝히는, 끊임없이 움직이는 탐조등探照燈, Searchlight의 빛과도 같은데, 사람들은 이 빛만으론 세상사를 다 알 수는 없다.[47]

공감이 스포트라이트나 서치라이트라는 건 궁극적으로 무엇을 의미하는가? 공감은 '선택적 과잉 공감'으로 빠지기 쉽다는 걸 의미한다. 장대익은 "공감은 마일리지 같은 것이어서 누군가에게 쓰면 다른 이들에게는 줄 수 없다. 내집단에 강하게 공감했다면 그만큼 외집단에 공감할 여유가 소멸하는 것이다"며 다음과 같이 말한다.

"지금 우리 사회의 모든 갈등과 혼란을 보라. 그것은 선택적 과잉 공감이 빚어낸 것들이다. 초갈등 시대에 우리는 또다시 공감에게 SOS를 친다. 하지만 한쪽에 과잉 공감하는 순간 다른 쪽에는 폭력이 된다는 역사의 교훈을 잊지 말아야 한다. 치료제는 공감의 깊이가 아니라 반경을 넓히는 것이다. 하지만 오늘날 우리가 부족 본능이라는 공감의 구심력에서 벗어나 그 반경을 넓히는 일은 점점 더 어려운 미래가 되어가고 있다."[48]

그러나 어렵다고 포기할 수는 없는 일이다. 스포트라이트나 서치라이트에 과잉 공감하지 않는 게 중요하다. 공감을 아예 하지 말자는 게 아니다. 과잉 공감의 위험을 경계하자는 것이다. 편애偏愛는 불가피하며 바람직하기도 하다. 다만 편애를 위해 다른 사람들에게 잔인하게 굴 것까지는 없지 않겠느냐는 것이다. 시야가 스포트라이트나 서치라이트에 갇히면, 그 좁은 영역 이외엔 눈에 보이는 게 없어진다는 걸 잊지 말자.

제
4
장

바보야, 문제는 '성격'이야!

이준석의 '선택적 과잉 공감'

제4장은 내가 2022년 여러 매체에 기고했던 다음 8편의 글로 구성되어 있다. 「20대 남성은 정치적 선동에 놀아났나?」(3월 28일), 「이준석을 덮친 '성공의 저주'」(7월 6일), 「이준석을 악한 취급하는 페미니즘 진영에 드리는 제안」(7월 12일), 「국민의힘을 살렸다 죽이는 이준석의 원맨쇼」(8월 9일), 「이준석의 '순교자 정치'」(8월 26일), 「이준석의 '허망한 승리'」(8월 31일), 「'성 상납 의혹'을 '권력투쟁 프레임'으로 바꾼 묘기」(9월 12일), 「바보야, 문제는 '성격'이

야!」(10월 4일).

모두 다 전 국민의힘 대표 이준석에 관한 글이다. 그만큼 이준석에 대한 나의 관심과 기대가 컸다는 걸로 볼 수 있겠다. 그래서 이준석을 적극 옹호하는 글들을 쓰기도 했다.[1] 나는 왜 그랬던가? 오래 묵은, 그럴 만한 사연이 있다. 나는 지난 2015년에 출간한 『청년이여, 정당으로 쳐들어가라!』라는 책에서 정치 개혁을 역설하면서 "오랜 세월에 걸쳐 형성된 모순이 상식으로 통용되는 상황에서 우리에게 필요한 건 분노와 증오가 아니다"며 미국의 신학자이자 정치학자인 라인홀드 니부어가 말한 "뱀의 지혜와 비둘기의 순진성"을 강조한 바 있다. 나는 "청년의 정치 참여는 사명인가?"라고 물으면서 다음과 같이 주장했다.

"아니다. 재미다. 재미여야 한다. 물론 투표도 재미다. 청년들의 투표율이 치솟자마자 당장 나타날 변화의 양상을 게임하듯 즐겨보자. 난공불락의 요새로 여겼던 것들이 나의 작은 참여에 의해 무너져 내리는 것을 보는 재미, 그리고 새로운 질서를 탄생시키는 재미를 만끽해보자. 한 방에 이루려는 한탕주의는 좌절과 환멸을 부르는 첩경이다.

천천히, 서서히, 그러나 올바른 방향으로 한 걸음씩 발을 떼보자. 우리가 엄청난 변화의 티핑 포인트 또는 임계점의 순간에 살고 있는 건 아닌지 그걸 확인해보는 것도 재미있지 않은가?"

나는 '청년 정치'에 강한 애정을 갖고 있었다. 나는 여야 어느 정당에서건 청년들이 먼저 작은 혁신의 바람을 일으키면 다른 정당에도 긍정적 영향을 미쳐 정치의 품질이 높아지는 선순환 관계를 형성할 수 있다고 믿었기에 이준석에게 그런 역할을 기대했다. 우리가 그간 질리도록 보아온 두 거대 정당의 저질 경쟁이라는 악순환에 이준석이 종지부를 찍는 실마리가 되어주기를 염원했던 것이다.

물론 나의 기대는 배신당했다. 무엇이 문제였을까? 애초에 내가 반反이준석 세력의 힘을 과소평가했던 걸까? 아니면 내가 이준석을 과대평가하는 잘못을 저질렀던 걸까? 내가 내린 결론은 '성격' 문제였다. 성격이 모든 걸 망치고 말았다. 누구의 성격? 이준석의 성격이다. 나는 정치 담론에서 거론되는 '(정치인의) 성격 결정론'에 큰 의미를 부여하는 사람은 아니지만, 이 경우엔 '성격' 이외에 다른 답을 찾기 어려웠다.

내가 이렇게 단언할 수 있는 근거는 이렇다. 누구나 인정하겠지만, 이준석은 영악했다. 그는 아마추어가 아니라 프로였다. 그래서 나는 그가 큰 갈등이 불거졌을 때 영악한 결정을 내릴 걸로 믿었다. 그런데 뜻밖에도 그는 (좀 거친 표현을 쓰자면) 스스로 자기 무덤을 파는 어리석은 결정들을 연이어 내리고 말았다. 왜 그러지? 내가 내린 답은 그 자신도 주체할 수 없는 그의 기질과 성격 때문에 벌어진 일이라는 것이다.

나이가 젊기 때문에 괜찮다고? 그를 지지했던 정치인들은 그만큼 젊지 않았다. 그들을 생각해서라도 자멸로 가는 길을 택해선 안 될 일이었다. 그러나 그는 자기 성질을 부리느라 내일이 없는 사람처럼 그들을 전혀 배려하지 않는 최악의 선택들을 하고 말았다. 이는 지도자가 되길 꿈꾸는 사람으로선 최악의 행위였다. 그는 윤핵관(윤석열 핵심 관계자)의 행태에 강한 문제의식을 갖고 집착한 나머지 스스로 그 반대의 가치와 행보에 '선택적 과잉 공감'을 하는 비극의 주인공이 되고 말았다.

윤핵관의 행태가 아무리 혐오스러운 것이었다고 할지라도 그건 곧장 발본색원拔本塞源할 수 없는 국민의힘, 아니 한국 정치의 일부분이다. 이준석은 하루아침에 정치적 스타로 발돋움할 수 있었는데, 그걸 가능케 했던 박근혜의 발탁도 그런 정치 시스템의 일부였다는 건 두말할 나위가 없다. 오랜 세월 누적된 문제를 어느 날 갑자기 하루아침에 바꿀 수 있을 것처럼, 그것이 특정 세력을 제거하면 이루어질 수 있을 것처럼 선동하는 건 이준석이 혐오해온 악성 포퓰리즘이 아니고 무엇이란 말인가?

문재인 정권이 저지른 '검찰 악마화'를 보라. 문재인 정권이 폭격을 퍼붓다시피 한 검찰 비판은 일견 대부분 옳은 것 같지만, 그건 출세한 한국 정치·행정 엘리트 집단의 공통된 문제였지 검찰만의 문제는 아니었다. 검찰 일부의 문제일 뿐 전부의 문제도 아니었다. 문재인 정권이 검찰을 장악하고 있을 땐 그건 검찰의 단점이 아니라 장점이었고, 문재인 정권은 그 장점의 힘으로 적폐 청산과 정치 보복의 경계를 열심히 넘나들면서 자신들의 밥그릇 크기를 늘려오지 않았던가?

문재인 정권의 실세·상층 집단을 도마 위에 올려놓고 현미경을 들이댄다고 생각해보라. 검찰 못지않은 악마화가 가능한 집단이었다. 특히 북한군에 피살된 서해 공무원을 월북자로 몰아간 문재인 정권의 범죄 혐의가 최종 법적 판단을 거쳐 사실로 확인된다면, 이거야말로 악마적 소행이 아니고 무엇이랴. 자기 성찰의 의지와 능력이 전혀 없는 가운데 내로남불을 상습적으로 저지르는 집단이 자신들은 천사로 여기면서 자신들이 마땅치 않게 여기는 집단은 악마로 몰아간다면, 이게 바로 선택적 과잉 공감이다.

이준석은 문재인 정권이 빠져들었던 것처럼 선택적 과잉 공감으로 인해 타협의 가능성을 원천봉쇄하고 말았다. 사실상 프로가 빠져선 안 될 아마추어의 함정에 빠져 종국엔 자신을 죽이는 자해의 길로 내달리고 만 것이다. 참 알다가도 모를 게 정치다. 이젠 윤석열이 국민의힘 당대표 선출에 개입하는 과정에서 저지른 연이은 자해와 자살골로 인해 사실상 '이준석 구하기'를 위해 발버둥을 친 꼴이 되고 말았으니 말이다.

기신감을 회복한 이준석은 2월 13일 "최근 일련의

사태를 보면 전당대회를 앞두고 대통령실의 개입이나, 보수 진영 유력 정치인들을 하나씩 쳐내는 것을 보면서 '이준석이 별난 게 아니었구나'는 반응이 늘어난다고 체감한다"고 말했다. 그렇게 볼 수도 있겠다. 그러나 그건 제3자가 할 말이지 이준석이 스스로 할 말은 아니다. 윤석열이 '이준석 트라우마'로 인해 이성이 잠깐 외출한 나머지 그런 어리석고 못난 일을 벌였다는 해석도 가능하니까 말이다.

윤석열과 이준석은 "누가 더 자해를 하는가"를 겨루는 경쟁을 벌여왔다고 해도 과언이 아니다. 윤석열 스스로 자해로 무너지면 이준석의 살 길이 열릴까? 그렇지 않다는 게 나의 생각이다. 상대가 죽어야만 자신이 사는 그의 '치킨 게임 정치'엔 미래가 없다고 보기 때문이다. 이런 못난 경쟁을 통해 이준석의 처지와 입지가 살아난다 해도 그건 자기 성찰이 아닌 반사이익의 결과인지라 또다시 그의 자해는 벌어지게 되어 있다는 이야기다.

표현은 좀 다를망정 이런 이야기를 여기에 싣는 8편의 글에서도 했기 때문에 더는 말씀드리지 않으련다. 약 6개월여 기간에 걸친 내 생각의 변화를 드러내는 것도 괜찮겠다 싫어 인용 부분의 출처 표시를 한 걸 제외하고 글을 원래 기고했던 그대로 싣는다.

20대 남성은 정치적 선동에 놀아났나?

중앙대학교 사회학과 교수 신진욱이 출간한 『그런 세대는 없다: 불평등 시대의 세대와 정치 이야기』를 읽었다. 내가 보기엔 탁월한 책이다. 저자는 정치권과 언론이 사랑하는 세대론에 정면 도전하면서 세대론이라는 허상에서 벗어나 세대 간 허구적 대립을 부추기지 말고, 계급 불평등에 주목하라고 촉구한다. 나는 이 책의 주장에 대체적으로 동의하지만, '악마의 변호인' 역할을 자청해 꼭 생각해볼 점에 대해 말씀드리고 싶다. 취지엔 공감하면서도 표현이 좀 불편하게 여겨졌던 걸 몇 가지 들자면 다음과 같다.

　"청년들의 분노를 부채질하여 '내 편'으로 만드는 행동들이 정치권부터 언론과 지식인 사회에 이르기까지 두루 존재한다." "기성세대라는 가상의 악을 만들어 청년들에게 비난의 대상을 만들어주고 청년의 편인 듯 가장하여

인기를 얻으려는 발상은……". "최근 (여러 분야의 거대 권력을 쥔 자들)은 '청년'을 소리 높여 말함으로써 기대할 만한 이익이 많다는 것을 점차 인식하기 시작했다."[2]

강한 어조로 메시지를 선명하게 하려는 뜻은 이해하지만, 세대론을 말하는 사람들의 입장도 충분히 고려하는 게 문제 해결에 더 도움이 될 것 같다는 생각이 든다. 이런 질문을 해보는 건 어떨까? 세대론이 사라지거나 약화되면 그만큼 불평등이 주요 사회적 의제로 떠오를까? 나는 비관적이다. 그래서 불평등 문제를 포기하자는 게 아니라 한 걸음 더 들어간 실천적 고민이 필요하지 않겠느냐는 뜻이다.

여권이나 진보층엔 이준석을 비롯한 국민의힘 정치인들이 20대 남성을 선동했으며, 20대 남성은 그런 선동에 놀아났다고 생각하는 사람이 많다. 과연 그런가? 정치인들의 능력을 과대평가한 동시에 20대 남성의 자유의지와 정치적 역량을 과소평가한 건 아닐까? 나는 『K-를 생각한다: 90년대생은 대한민국을 어떻게 바라보는가』의 저자인 임명묵의 다음 견해에 동의한다.

"사실은 반대다. 일부 20대 남성이 자신들의 문제의

식에 응답하는 정치인에게 표를 주겠다고 공표하며 정치인들을 길들였다. 입맛에 맞는 방향으로 상황을 몰아간 것이다. 유권자가 정치인들을 뒤흔들며 통제한 셈인데, 미디어 시장에서는 이미 오래전부터 나타난 현상이다."[3]

이는 '팬덤 정치'의 메커니즘과 비슷하다. '침묵하는 다수'는 여론조사나 선거 때 자신의 선택을 밝히는 걸 제외하고 정치적 영향력을 행사할 길이 없다. 정당에 실질적인 영향력을 행사하는 건 전체의 1퍼센트도 안 되는 팬덤이나 열성 지지자들이다. 누가 집단적으로 목소리를 내느냐가 중요하다. 정치권과 언론이 그런 목소리에 큰 영향을 받는 걸 바람직하다고 볼 수는 없지만, 그건 기존 민주주의 체제의 한계로 보는 게 옳을 것이다.

언론의 작동 방식 역시 본원적 한계다. 언론은 그들이 천명한 사명과 시장에서의 생존이라는 '이중구속' 상태에 처해 있다.[4] 시장에서의 생존이 사명을 훼손하거나 약화시키는 경우가 많기 때문이다. 진보 진영에선 이런 '시장 저널리즘'의 한계를 넘어서야 한다는 목소리가 높지만, 총체적 대안이 있는 것 같진 않다. 전면적인 '언론 공영화'를 할 수는 없는 일이 아닌가?

시장 저널리즘의 관점에서 세대론은 풍부한 뉴스 가치를 갖고 있다. 어느 기자의 표현을 빌리자면, "세대 담론은 쉽고 재밌다".[5] 어디 그뿐인가? 절박한 '피해자'들도 있다. 학자들은 계급의 문제를 들어 그런 세대론의 타당성에 이의를 제기하지만, 저널리즘은 목소리에 민감하다. 주요 뉴스 가치 중의 하나인 '중요성'은 국가적 중요성이라기보다는 언론 소비자들이 체감하는 중요성을 의미한다. 대학과 더불어 부동산이 절대적 뉴스 가치를 갖는 걸 보라.

반면 불평등은 뉴스 가치가 약하다. 불평등은 주로 '사건'이나 '사고'의 관점에서 다루어진다. 큰 사건이나 사고가 터질 때에만 언론의 관심이 집중될 뿐이다. 이는 인구의 절반이 사는 지방이 평소 언론에서 어떻게 다루어지는지를 보면 쉽게 이해할 수 있다. 따라서 '불평등의 뉴스화'에 대한 고민이 필요한데, 이는 학계의 도움이 필요하다.

불평등 문제를 나룬 좋은 논문이 많지만, 이는 언론에 거의 보도되지 않는다. 학자들도 '언론플레이'를 한다는 말을 들을까봐 자신의 논문을 알리려고 들지도 않는다.

그래서 고작 수십에서 수백 명의 학자가 읽고 끝나는 논문으로 사장되고 만다. 나는 관련 학계가 언론 홍보를 전담하는 분과위원회를 두기를 제안한다. 언론이 좋아하는 뉴스가치 중심으로 쉬운 보도자료를 작성해 언론과 정치권이 불평등 문제에 관심을 갖게 만들자는 것이다. 이게 진정한 산학 협력이 아닐까? (『한겨레』, 2022년 3월 28일)

이준석을 덮친 '성공의 저주'

2021년 5월 31일 36세의 젊은 이준석이 국민의힘 당대표 선거 예비경선을 1위로 통과하자 세상은 깜짝 놀랐다. 모두 다 어림도 없는 도전이라고 비웃었으니, 놀라는 건 당연한 일이었다. 민주당은 당황했다. 이준석을 히틀러에 비유하면서 비난하는 무리수까지 나왔으니 더 말해 무엇하랴.[6] 굳이 히틀러까지 동원할 필요가 있었을까? 그만큼 당혹스럽고 두렵다는 뜻이었을 게다.

당시 민주당 원로인 전 국회 사무총장 유인태는 "이준석 돌풍을 정치권이 충격으로 받아들이고 특히 민주당

쪽 사람들은 굉장한 위기감을 느끼더라"며 "이준석이 되면 내년 대선 끝난 거 아니냐고 걱정하는 목소리들도 있다"고 전했다. 그 이유로 그는 "젊은 이준석 후보는 그동안 방송이나 매체에 나와서 상식에 근거한 얘기들을 많이 해왔기 때문"이라며 그가 국민의힘 대표가 되면 국민의힘이 '늙은 꼰대' 정당의 이미지를 벗을 것으로 보았다.[7]

약 열흘 후인 6월 11일 이준석은 국민의힘 전당대회에서 당원 투표(70퍼센트)와 여론조사(30퍼센트)를 합산한 결과에 따라 43.82퍼센트를 득표해 새로운 당대표로 선출되었다. 놀라운 일이었다. 유인태의 예측도 맞아떨어졌다. 우여곡절은 있었을망정 이준석 대표 체제하의 국민의힘은 2022년 3·9 대선에서 승리했으며, 이어 6·1 지방선거에서도 승리했다. 이준석은 이 두 승리의 1등 공신으로 추앙받아 마땅할 터인데, 현실은 전혀 그렇지 못하다. 그는 현재 최악의 정치적 위기 상황에 처해 있다. 도대체 무슨 일이 있었길래 이렇게 된 걸까?

2021년 11월 29일을 기억하시는가? 그날 밤 이준석은 SNS에 "그렇다면 여기까지"라는 짧은 글을 남기고

잠적했다. 자신의 통제를 벗어난 윤석열 캠프와의 갈등 때문에 벌어진 일이었다. 대선을 3개월여 남겨둔 시점에서 그래도 되는 건가? 누구의 담력, 아니 광기가 더 강한지를 겨루는 '치킨 게임'이었다. 이런 게임에선 잃을 게 더 많은 사람이 지게 되어 있다. 나흘 만인 12월 3일 저녁 윤석열은 울산에서 이준석과의 전격적인 회동을 통해 그간의 갈등을 해소함으로써 치킨 게임은 일단 종식되었다.

그러나 "반창고로 땜방한 불안한 봉합"이라는 민주당의 평가처럼, '울산 회동' 18일 만인 12월 21일 땜방한 반창고가 풀리고 말았다. 이날 이준석은 "선거대책위원회의 모든 직책을 내려놓겠다"고 밝혔다. 표면적으론 최고위원 조수진의 '항명'에 따른 것이었지만, 심층적으론 윤석열과의 갈등이 다시 폭발한 것이었다. 16일 만인 2022년 1월 6일 밤 윤석열과 이준석이 극적으로 화해하는 일이 또 벌어졌지만, 이 또한 "반창고로 땜방한 불안한 봉합"의 새로운 버전에 불과했다.

약 40일간에 걸쳐 어린아이들 장난 같은 일이 벌어졌음에도 국민의힘은 대선에서 승리했고, 이어 지방선거에서도 승리했다. 물론 문재인 정권의 실정 덕분이었다. 이 두 승리는 "반창고로 땜방한 불안한 봉합"의 해체를 의미했다. 앞으로 22대 총선(2024년 4월 10일)까지는 21개월이 남았는데, 이젠 선거 때문에 어떻게 해서건 화해를 하는 척하는 제스처를 보일 필요가 없어진 셈이다.

지방선거가 끝난 지 며칠 후인 6월 6일부터 20여 일간 우리 국민들은 친윤 정치인들과 말과 글로 싸우는 이준석의 원맨쇼를 질리도록 원 없이 구경해야 했다. 사람들은 싸움 구경을 즐기면서도 내심 "저게 집권 여당의 수준인가?"라는 의아심을 떨치기 어려웠다. 그런 싸움의 와중에서 국민의힘 중앙윤리위원회가 징계 대상으로 삼은 이준석의 '성 집내 및 증거인별' 의혹 문제가 다시 거론되면서 국민의힘은 갈등의 소용돌이로 휘말려 들어갔다. 이는 윤석열과 국민의힘의 지지율을 떨어트리는 데에 적잖은 기여를 했다.

여론조사 전문업체 리얼미터가 6월 20~24일에 실시한 여론조사에서 대통령이 '국정 수행을 잘하고 있다'는 긍정 평가(46.6퍼센트)가 부정 평가(47.7퍼센트)보나 낮은 이른바 '데드크로스'가 발생했다. 이는 윤석열의 대통령 취임 이후 처음 벌어진 일이었다. 한국사회여론연구소가 6월 24~25일에 실시한 여론조사에서도 부정 평가(47.4퍼센트)가 긍정 평가(46.8퍼센트)를 앞섰다. 또 미디어토마토가 6월 28~29일에 실시한 여론조사의 정당 지지도에서 민주당이 44.5퍼센트의 지지율로 국민의힘(41.9퍼센트)을 누르면서 윤석열 정부 출범 이후 첫 역전을 당하는 일이 벌어졌다.[8]

국민의힘 중앙윤리위원회는 7월 7일 이준석을 출석시켜 '성 접대 및 증거인멸' 의혹에 대한 소명을 듣기로 했다. 이후 어떤 징계를 내리느냐에 따라 이준석의 정치적 운명이 큰 영향을 받게 되어 있는데, 현 시점에서 가장 중요한 건 당 안팎에서 이준석에게 등을 돌리는 사람들이 늘고 있다는 점이다.

앞서 언급한 미디어토마토 여론조사에선 이준석에 대한 윤리위 징계에 '찬성한다'는 응답이 53.8퍼센트로 가장 높게 나왔다. 이어 '경찰 수사 결과를 보고 결정해야 한다'는 응답이 25.6퍼센트, '징계에 반대한다'는 응답이

17.7퍼센트였다. 2030세대마저 이준석에게 등을 돌린 것처럼 보였다. 20대에서 징계 찬성 45.7퍼센트(수사 결과 뒤 30.3퍼센트, 반대 22.3퍼센트), 30대에선 징계 찬성이 54.8퍼센트(수사 결과 뒤 28.4퍼센트, 반대 14.9퍼센트)로 나왔다.[9]

『한겨레』선임기자 성한용은 「"이준석 진짜 가만두면 안 된다"…토사구팽 뒤 '윤핵관 시대' 올까」라는 기사에서 "7월 7일이 다가오면서 국민의힘 의원들도 이준석 대표에게 점점 더 등을 돌리는 분위기"라며 일부 의원들의 강한 반감을 소개했다. "의원들한테 물어봐라. 이준석 좋다는 사람 한 명도 없을 것이다." "우리가 지금 조용히 하고 있는 게 7월 7일 윤리위가 있으니까 참고 있는 것이다." "이준식은 본인만 옳고 다른 사람은 다 적으로 몰아붙여 공격하고 있다."[10]

모두 힘을 합쳐도 모자랄 판에 도대체 왜들 그렇게 싸운 걸까? 나는 이 싸움의 자세한 내막이나 전망에 대해 말할 자격이나 능력은 없는 사람이다. 내가 궁금하게 생각하는 건 대선·지방선거의 1등 공신이 어떻게 그렇게까지 강한 반감의 대상이 되었느냐는 것이다. '토사구팽'이라는 말로는 설명이 부족하다. 일반적으로 여론은 토사구팽의 피해자에게 호의적이기 마련인데, 이준석에겐 그것도 아니잖은가?

나는 이게 성공의 이유가 곧 실패의 이유가 되는 '성공의 저주'가 아닌가 싶다. 말로 성공했던 그가 말로 무너지고 있는 것이다. 이준석은 한때 "곰팡내 나고 숨 막히던 보수 정당에 청량한 바람을 몰고 온, 말 그대로 풍운아였다"는 평가를 받기도 했다.[11] 이준석이 대표를 맡기 전 국민의힘의 이미지는 어떠했던가? 키워드 몇 개로 표시하자면, 곰팡내, 늙은 꼰대, 보수 꼴통, 서열 복종 등이었다. 이준석은 영특한 동시에 발칙했다. 싸가지가 없는 게 오히려 장점이자 매력이 되었다. 젊은 세대가 환호하면서 국민의힘을 다시 보았고, 이게 두 선거에서 승리할 수 있었던 동력이 되었다.

나는 성공을 거둔 후에 상황이 달라지면 이준석의 전략·전술도 달라질 줄 알았다. 그러나 달라진 건 없었다. 그는 반대편 정당과 정치인을 향해 퍼붓던 독설과 조롱을 자기 명당의 정치인을 향해서도 아낌없이 퍼부었다. 그 점에서 그는 믿기지 않을 정도로 공정했다. 선거운동을 위해 끊임없이 미디어를 접촉하고 SNS를 활용하는 놀라운 부지런함도 선거 후엔 좀 달라질 줄 알았건만 그는 시종일관 변함없는 '다변의 화신'이었다. 그는 자신이 성공할 수 있었던 이유를 잊지 않고 그걸 계속 밀고나가겠다는 결심을 굳게 한 것처럼 보였다.

이준석은 혼자가 아니며 혼자여서도 안 된다. 그는 신선한 세대교체 바람을 상징하고 구현한 인물이었다. 그는 역대 모든 보수 정치인 중 호남을 끌어안기 위해 가장 진정성 있게 열심히 노력한 사람이었다. 이는 당과 당파성을 떠나 인정하고 긍정할 점이었다. 그에게 정치적으로 최악의 결과가 닥친다 해도 시간의 문제일 뿐 달라질 건 없다. 민주당 대선후보였던 이재명은 대선 5일 전 유세에서 "저는 정치를 끝내기에는 아직 너무 젊다"고 했다.[12] 나이 60세가 다 되어가는 분도 그럴진대 이준석에겐 더 말해 무엇하랴. 나는 그가 자신을 덮친 '성공의 저주'를 뚫고 새롭게 달라진 모습으로 자신의 정치적 여정을 계속해나가길 기대한다. (『경향신문』, 2022년 7월 6일)

이준석을 악한 취급하는 페미니즘 진영에 드리는 제안

나는 지난 7월 6일 『경향신문』에 「이준석을 덮친 '성공의 저주'」라는 칼럼을 기고했다. 국민의힘 대표 이준석의 성공을 가능케 했던 이유가 성공 이후 그의 실패를 불러온 이유가 되었다는 주장을 담은 글이었다. 이 글에 대해 김희원 『한국일보』 논설위원님(이하 존칭 생략)께서 「이준석 징계의 나쁜 유산」이라는 칼럼을 통해 따끔한 비판을 주셨다. 감사의 말씀을 드린다. '이준석 현상'에 대한 이해를 깊게하는 데에 도움이 될 것 같아 이 지면을 통해 답을 드리고자 한다.

김희원은 이준석에 대한 당 중앙윤리위원회 징계와 관련해 "당권에 미칠 여파 분석만 넘쳐나는 반응에 질렸다"며 "징계가 중요한 것은 성 비위를 바로잡기 위해서가 아니라 당권의 향배에 미칠 영향 때문이라는 걸, 공공연히 당연시하는 정치 문화야말로 나쁜 유산으로 남게 됐다"고 개탄했다. 김희원은 내 글에 대해선 다음과 같은 지적을 해주셨다.

"그는 현실을 반만 보고 있다. 독설과 조롱은 분명 이 대표의 강력한 정치 도구이나, 환호한 것은 젊은 세대가 아닌 젊은 남성이었다. 여성 다수는 국민의힘을 '5·18 광주민주화를 비하·왜곡하는 정당'에서 '여성을 혐오·배제하는 정당'으로 다시 보았다. 강 교수가 궁금하다는, 이 대표에 대한 당내 반감이 그토록 쉽게 확산된 이유는 그가 '대선·지선의 1등 공신'이 아니라 크게 이길 대선을 질 뻔하게 만든 인물이기 때문이다. DJ의 멍에, 호남 차별을 앞장서 비판했던 강 교수는 이 대표의 당당한 장애인·중국인·여성 혐오를 예민하게 볼 법한데 '호남 끌어안기'만 높이 평가할 뿐이니 한탄스럽다."[13]

새겨들을 게 있는 귀한 말씀이지만, 다수 성급하신 게 아닌가 하는 생각이 든다. 이준석의 성 비위 의혹은 경찰이 수사 중인 사건이 아닌가. 알려진 것조차 많지 않은 사건에 대해 상상의 나래를 펼 수는 없는 일이나. 게다가 중앙윤리위원회는 성 비위 의혹과 무관하게 증거인멸 교사에 따른 '품위유지의무 위반'을 문제 삼겠다고 했으니, 본격적으로 성 비위 의혹을 논할 수 있는 상황은 아니었다.

그런 상황이 올 때까진 이준석 관련 글을 써선 안 된다는 뜻은 아니었으리라 믿는다.

정치 저널리즘이 경쟁 세력 간 정치적 득실 분석에만 치우쳐 있는 것에 대한 김희원의 강한 문제의식엔 동의하며 경의를 표하고 싶다. 나 역시 비슷한 비판을 해왔던 사람인지라 더욱 그렇다. 하지만 그건 전반적인 양과 정도의 문제일 뿐, 아예 그런 분석을 해선 안 된다는 이야긴 아닐 게다. 국민의힘 내부의 권력투쟁도 향후 정치 발전에 중요한 문제가 아닌가? 이준석에 대해 말하는 법에 그 어떤 서열을 매길 수 있을지는 모르겠지만, 나는 다양성의 공존을 지지한다. 김희원이 중요하게 여기는 '정치 윤리와 원칙을 짚는 목소리'는 절대적으로 필요하지만, 정치 저널리즘이 단지 그것뿐이라면 '너무 뻔하다'며 등을 돌릴 독자도 많을 게다.

사실 내 글은 이준석에 대한 징계를 예상하고 쓴 '굿바이 이준석'이었다. 말로 성공했던 그가 말로 무너진 '성공의 저주'를 지적하면서, 다시 일어서고자 한다면 '새롭게 달라진 모습'이어야 한다는 걸 말하고 싶었다. 굿바이에

따라붙기 마련인 덕담에 대해 김희원이 강한 이의 제기를
한 것에 반론을 하고 싶은 생각은 없다. 어차피 다 정답은
존재하지 않는 문제이며, 얼마든지 그렇게 볼 수도 있다고
생각하기 때문이다. 나는 좀더 생산적인 제안을 하고 싶다.

이준석 관련 저널리즘의 문제는 극단적으로 양극화
된 시각만 표출될 뿐 그 간극을 좁히려는 시도가 거의 없다
는 점이다. 진보적이고 페미니즘 지향적인 언론이나 독자
들에게 이준석은 거의 '악한'처럼 취급된다. 김희원도 이
준석에 대해 매우 부정적인 시각을 갖고 있는 것 같다. 여
성 다수가 국민의힘을 '여성을 혐오·배제하는 정당'으로
다시 보게 된 건 당연하며 그건 이준석 때문이라고 생각하
는 것처럼 보인다.

나 역시 이준석의 반反페미니즘 성향과 메시지에 대
해선 "터널 비전의 극치", "성질부리기", "떼를 쓰는 어린
아이의 모습" 등과 같은 거친 말로 비판을 해왔다.[14] 그러나
나는 동시에 많은 2030 남성이 이준석의 그런 발언에 열
광하거나 지지를 보내는 이유도 탐구의 대상으로 삼아야
한다고 생각한다. 내가 놀란 건 페미니스트들이 2030 남

성들을 이해하려고 애쓰기보다는 그들의 반페미니즘 성향과 발언을 용납할 수 없는 '백래시(반동)'로 일축해버리는 모습이었다.

페미니즘이 '공공의 적'이 되고, 페미니스트가 '최고의 멸칭이 되어버린 시대'라는 우려와 개탄의 목소리가 높다. 우리는 어찌 해야 하는가? '백래시'와의 전면전만 외치면 되는 걸까? 페미니즘 진영엔 성찰해야 할 일이 전혀 없는 걸까? 나는 이준석 관련 저널리즘은 이 물음에 대한 답을 포함하는 것이어야 한다고 생각한다.

나는 이준석을 악한으로 생각하는 사람들이 그에 대한 100퍼센트의 확신을 보류하고 단 1퍼센트만이라도 유보적인 자세를 취하는 숨 쉴 구멍을 허용해주길 바란다. 나는 김희원에게 앞으로 이 문제에 대한 고민을 같이 해보자는 제안을 하고 싶다. 현재의 이준석 담론은 전반적으로 너무 단순 명쾌하다. 나는 이준석에 대해 말하는 법이 좀더 복잡해지고 다양해지기를 바란다. (『UPI뉴스』, 2022년 7월 12일)

국민의힘을 살렸다 죽이는 이준석의 원맨쇼

지난 7월 26일에 터진, 윤석열의 "내부 총질이나 하던 당대표" 메시지 사건은 윤석열 정권이 그간 저질러온 자해의 백미였다. 상상을 초월할 정도로 어리석고 미련했던 이 사건의 결과에 대해 여론은 윤석열에게 가장 큰 책임을 묻고 있다. 미디어토마토가 8월 1일부터 3일까지 사흘간 실시한 여론조사에 따르면, 전체 응답자의 52.9퍼센트가 여권의 위기에 가장 큰 책임이 있는 사람으로 윤석열을 지목했다. 권성동과 윤핵관을 꼽은 응답은 19.4퍼센트, 당대표 이준석을 지목한 응답은 18.6퍼센트였다.

그러나 보수층이나 국민의힘 지지층의 생각은 크게 달랐다. 그들은 이준석의 책임이 가장 크다고 보았다. 보수층 응답자는 이준석 34.4퍼센트, 윤석열 30.9퍼센트, 권성동과 윤핵관 23.9퍼센트였다. 국민의힘 지지층에서도 이준석 43.9퍼센트, 권성동과 윤핵관 27.2퍼센트. 윤석열 15.3퍼센트였다.[15]

여론조사마다 다르긴 하지만, 일관되게 나타나는 건

책임을 묻는 일에서 여권 지지층과 야권 지지층 사이에 나타나는 큰 차이다. 여권 지지층은 이준석에게, 야권 지지층은 윤석열에게 가장 비판적인 모습을 보이고 있다. 양쪽 모두 정파적 관점에서 보는 것일지라도, 여권 지지층은 문제해결을 더 원하는 반면 야권 지지층은 야권에 유리한 결과를 더 원하기 때문일 게다.

이런 여론조사 결과는 앞으로 치열한 반反윤석열 투쟁을 전개해나갈 이준석의 아킬레스건이라고 해도 과언이 아니다. 이미 전반적인 민심이 윤석열 정권에 등을 돌린 이상 이준석의 윤석열 공격은 비교적 높은 지지를 받겠지만, 그건 윤석열뿐만 아니라 국민의힘을 희생으로 한 자해이기 때문이다. 그간 이준석에 대해 호의적이었던 대구시장 홍준표가 날로 거칠어지는 이준석의 '반윤 투쟁'을 가리켜 '막장 정치'라거나 '분탕질'이라는 말로 비판하고 나선 것도 바로 그 점을 우려한 것으로 보인다.

이 사건에 대한 일반 시민의 평가는 평소 이준석을 어떻게 보았느냐는 시각에 따라 크게 달라지기 마련이다. 이준석에 대한 평가에서 찬반 중간에 있는 나는 『청년이

여, 정당으로 쳐들어가라!』(2015)라는 책의 저자로서 평소 정치권의 세대교체를 간절히 원했기에 이준석의 등장을 큰 관심을 갖고 지켜보았다. 나는 그에게 큰 기대를 걸면서 적잖은 애정을 갖게 되었지만, 동시에 그의 과도한 자기중심주의가 그의 재능을 망가뜨리거나 무의미하게 만들 거라는 생각도 했다.

의외로 많은 사람이 이준석이 국민의힘에 미친 영향을 과소평가하는 경향이 있다. 이준석은 "크게 이길 대선을 질 뻔하게 만든 인물"이라는 식으로 말이다.[16] 그게 완전히 틀린 말은 아니다. 실제로 그는 대선 막바지에 표를 깎아먹을 일을 많이 했다. 그러나 우리가 동시에 보아야 할 것은 이준석이 국민의힘의 '늙은 꼰대, 보수 꼴통' 냄새와 이미지를 바꿔준 '분위기·이미지의 전환 효과'다. 나는 전자의 실失보다는 후자의 득得이 훨씬 더 컸다고 본다. 그는 국민의힘과 극우를 분리시키면서 호남을 껴안는 노선을 공격적으로 펼침으로써 국민의힘에 대해 강한 거부감을 갖고 있던 유권자들로 하여금 국민의힘을 다시 보게 만들었다. 게다가 이준석은 말을 탁월하게 잘한다. 말 기술만을 말하는 게 아니다. 콘텐츠도 뛰어나다.

그런데 이준석의 그런 큰 장점을 압도하고도 남을 결함이 있으니, 그건 이준석이 엄청난 다변가이자 지독한 자기중심주의자라는 사실이다. 말싸움을 치열하게 하는 건 좋은데, 그는 멈추는 법을 모른다. 보는 사람들을 질리게 만드는 임계점을 꼭 돌파하고야 만다. 구경하는 나마저 두 손 들고 말았다. "나는 한 번 아니면 죽어도 아니다"는 꼰대스러운 고집도 그런 자기중심주의의 산물일 게다.

이준석은 2021년 3월 한 유튜브 방송에 출연해 "안철수 국민의당 대표가 서울시장이 되고 윤석열 전 검찰총장이 대통령이 되면 어떡할 거냐고 하더라. (그렇게 되면) 지구를 떠야지"라고 말했다.[17] 이는 농담을 빙자한 '망언'급 실언임에도 이준석에게 별 타격을 입히지 않았다. 이준석은 젊은 나이 때문에 불이익을 볼 수도 있겠지만, 그걸 압도하고도 남는 이익이나 혜택을 보고 있다. 무엇보다도 기존 문법과 평판의 굴레에 얽매이지 않을 수 있는 '젊음의 특권'을 향유하고 있기 때문이다.

그러나 그 '젊음의 특권'이 성공으로 갈 것 같진 않다.

그는 승리보다는 자기 성질을 더 사랑하는 것처럼 보이기 때문이다. 윤핵관과의 전쟁만 해도 그렇다. 그는 2022년 말『중앙일보』논설위원 안혜리에게 "윤핵관은 바로 윤석열 후보 본인"이라고 실토했다.[18] 그는 여태까지 사실상 윤석열과의 전쟁을 벌여온 셈이다. 왜 그렇게 실속 없는 싸움에 매달렸던 걸까?

대선을 불과 3개월여 앞둔 시점에서 이준석이 벌인 제1차 잠적 사태(2021.11.29~12.3)와 사실상의 제2차 잠적 사태(2021.12.21~2022.1.6)를 상기해보라. 그건 노골적인 '치킨 게임'이었다. '치킨 게임'은 잃을 게 더 많은 사람이 지기 마련이다. 이런 원리에 따라 윤석열이 사실상 굴복했고, 그때 그는 이준석파는 더는 같이 갈 수 없는 관계라는 결론을 내렸을 게다.

이준석은 국민의힘에 축복이자 저주였다. 앞서 말한 이준석의 장점들이 '축복'이라면, 이준석의 자기중심적 비타협주의는 '저주'였다. 이 비타협주의는 디지털 이진법 논리를 갖고 있다. 예컨대, 이준석이 한국 페미니즘의 한계와 문제를 점잖게 지적하면서 젊은 남성과 페미니즘의 화해를 주선하는 미래지향적인 일도 얼마든지 가능했지만, 그는 그렇게 하지 않고 이것 아니면 저것이라는 식으로 진격하다가 반페미니즘의 선봉에 서고 말았다. 이는 두고두고 국민의힘에도 부담이 되겠지만, 더욱 중요한 건 통합이라는 비전의 결여다.

이준석의 저주를 풀 수 있는 답은 있었을까? 나는 애초부터 그런 답은 없었다고 본다. 그는 정치를 '치킨 게임'으로 이해하고 있기 때문이다. 우리는 국민의힘을 살렸다 죽이는 이준석의 원맨쇼를 구경하고 있는 셈이지만, 윤석열 정권의 몰락이 현실화되는 방향으로 계속 나아간다면 이준석은 자신의 미래를 희생으로 한 복수혈전의 승자로 길이 기억될 것이다. (『무등일보』·『영남일보』·『중부일보』·『충청투데이』, 2022년 8월 9일 공동 게재)

이준석의 '순교자 정치'

이준석은 8월 15일 윤석열의 취임 100일 성적에 25점을 주었다. 나중에 알고 보니, 25점도 후한 점수였다. 사흘 후인 8월 18일 이준석은 윤석열에 대해 사실상 사기 혐의를 제기했으니 말이다. 20여 일 전에 꺼낸 '양두구육羊頭狗肉' 혐의를 구체화한 것이다. 그는 이렇게 말했다. "집을 분양했으면 모델하우스랑 얼마나 닮았는지가 중요한 거다. 모델하우스 가보니까 금 수도꼭지가 달려 있고 (분양받은 집에) 납품된 걸 보니까 녹슨 수도꼭지가 달려 있다. 그러면 분양받은 사람이 열 받는 것이다."[19]

윤석열은 녹슨 수도꼭지를 금 수도꼭지라며 팔아먹은 사기꾼이었나? 녹슨 수도꼭지라는 건 이준석의 주장일 뿐 아직 검증된 건 아니다. 이준석의 주장이 옳다면, 그 아파트 판매의 총책을 맡았던 그는 무슨 죄를 지은 건가? 그가 녹슨 수도꼭지임을 알고서도 판촉에 나섰다면, 이준석이야말로 사기꾼이 아닌가?

이준석을 가리켜 "크게 이길 대선을 질 뻔하게 만든 인물"이라는 주장도 있긴 하지만, 이준석이 윤석열의 대통령 당선을 위해 온 몸과 영혼을 바쳐 애를 썼다는 걸 부인할 사람은 없을 게다. 그가 윤석열을 돋보이게 만들기 위해 선거 기간 내내 '금 수도꼭지'를 외쳐댔다는 걸 모르는 사람도 없을 게다. 그랬던 그가 이제 와서 자신의 판매 제품이 사기이거나 25점짜리라고 주장하면 어쩌자는 건가?

그 주장에 진정성이 있다면 이해할 수도 있다. 아니 감명을 받을 수도 있다. 이 경우에 진정성은 석고대죄席藁待罪까진 아닐망정 자신의 과오에 대한 처절한 반성과 사과를 수반하는 것이어야 한다. 결코 당당하게 큰소리치는 모습이어선 안 된다. 자신이 언제 '녹슨 수도꼭지'임을 알게 되었는지 소상히 밝히면서 결과적으론 자신도 피해자임을 이해시키는 것이어야 한다.

그러나 그의 주장엔 호전성만 두드러졌을 뿐 그런 진정성은 전혀 없었다. 이준석은 당 징계의 위협에 시달리던 7월 3일 "제가 제대로 역할을 맡으면 윤석열 대통령 국정 수행 지지도 하락 문제를 20일이면 해결할 자신이 있다"고 했다.[20] 단 20일 만에 해결할 수 있는 일이 어떻게 25점과 '녹슨 수도꼭지'로 나아갈 수 있었던 건지 이해하기 어렵다.

물론 7월 8일 '당원권 정지 6개월'이라는 중징계를 빌고, 7월 26일 "내부 총질이나 하던 당대표"라는 윤석열의 발언이 공개되면서 이준석의 분노와 배신감이 폭발했을 것이다. 하지만 지금 나는 이준석과 윤석열의 관계에 대해 말하는 게 아니라 이준석이 공인으로서 지켜야 할 '유권자에 대한 예의'에 대해 말하는 것이다.

이준석은 도대체 왜 그러는 걸까? 『한겨레』 기자 오연서가 8월 23일자 기사에서 이준석을 잘 아는 한 국민의힘 인사의 입을 빌려 답을 제시했다. "이준석은 프로게이머처럼 정치를 한다. 자신이 가장 잘할 수 있는 말싸움으로 상대방을 공격해서 게임처럼 이기는 것을 정치라고 생각한다. 그는 자신의 말로 상대방이 고통스러울 거라고 생각하지 않고, 다시는 안 볼 사람처럼 말을 한다."[21]

사실 그런 능력에 관한 한 이준석은 라이벌이 없는 국내 최고다. 그런데 문제는 그렇게 해서 얻는 게 도대체 뭐냐는 것이다. 없다. 프로게이머로서의 전설을 남길 수는 있을망정 정치판의 문법으론 그의 정치는 사실상 전설을 위해 자신을 죽이는 '순교자 정치'다. 싸움의 흥행을 위해 발 벗고 나선 언론이 좀 냉정해지면 그게 잘 드러날 게다. 처절한 원한과 보복의 화신이라는 그의 전설이나마 오래

살아남기를 바랄 뿐이다. (『시사저널』, 2022년 8월 26일)

이준석의 '허망한 승리'

2021년 5~6월 '이준석 돌풍'이 불었을 때 당시 여당이던 민주당은 크게 당황했다. 곰팡내 나던 국민의힘에 새 바람이라도 불었다간 큰일 난다는 위기의식이 작용했던 것으로 보인다. 5월 31일 이준석이 국민의힘 당대표 선거 예비경선을 1위로 통과하자 민주당의 상근 부대변인은 이준석을 향해 "히틀러의 향기가 난다"는 극언을 구사했다.

6·11 국민의힘 전당대회에서 이준석이 예상을 깨고 새로운 당대표로 선출되자, 진보 언론과 지식인들까지 이준석을 겨냥한 집중 공격을 퍼부었다. 그 주요 내용은 이준석이 사회적 약자에 대해 피도 눈물도 없는 사람이라는 식이었다. 나는 너무 지나치다 싶어 그런 비판에 대한 반론을 쓰기도 했다.

당시엔 내 주변에서도 이준석에 대한 욕설을 꽤 들을 수 있었다. 다양한 사람들이 섞여서 사는 서울만 해도 음식

점이나 카페 같은 곳에서 자신의 정치적 주장을 남이 들을 수 있게끔 크게 말하진 않는다. 하지만 내가 사는 전주는 전체 인구의 80퍼센트 이상이 민주당 지지자들인지라 그런 에티켓이 잘 지켜지지 않을 때가 있다.

그런데 언제부턴가 내 주변에서 이준석을 칭찬하는 목소리가 들리기 시작했다. 이유는 단 하나. 이준석을 윤석열과 맞짱을 뜨는 투사로 보기 시작한 것이다. "내부 총질이나 하던 당대표"라는 윤석열의 발언이 공개된 7월 26일이 그 분기점이었다. 이는 여론조사에서도 잘 확인되고 있는 사실이다.

7월 1~2일에 다음과 같은 제목의 기사들이 보도되었다. 「이준석 당 윤리위 징계 '찬성 53.8% vs 반대 17.7%'」. 민주당 지지자들까지 포함된 전체 여론 결과였다. 그러나 국민의힘 지지자들만의 생각을 다룬다면 기사 제목은 다음과 같이 나왔어야 했다. 「이준석 당 윤리위 징계 '반대·신중 58% vs 찬성 38.1%'」.

국민의힘 윤리위가 이준석에게 '당원권 정지 6개월' 중징계를 내린 7월 8일에서 9일까지 실시된 여론조사에서 국민의힘 지지층은 징계 수위가 '과도하다' 39.9퍼센트, '적절하다' 39.2퍼센트, '미흡하다' 14.2퍼센트 등의 반응을 보였다. 반면 민주당 지지층에서는 '미흡한 징계'라는 응답이 36.4퍼센트로 가장 높았다.

이 두 여론조사 결과가 말해주는 건 민주당 지지층이 국민의힘 지지층에 비해 이준석에 대해 훨씬 더 비판적이었다는 점이다. 그러나 이준석의 윤석열 비판이 본격화되는 8월 들어서는 정반대의 현상이 나타난다. 이준석에 대해 민주당 지지층은 '호감', 국민의힘 지지층은 '비호감'으로 급전환한다. 여론조사업체들과 언론은 국민의힘 내부의 문제를 전체 유권자들에게 물어 이른바 '역선택' 현상을 불러일으킴으로써 이준석의 정치적 입지에 대한 착시 현상을 유발했다. 다음과 같은 기사 제목들을 보자.

「유승민·이준석 신당 창당 시 국민 42.5% "국힘 말고 신당 지지"」. 「국민의힘 위기 책임, '윤핵관' 35.5%, 윤 대통령 28.6%, 이준석 22.5%」. 「"비대위 전환 잘못" 52%」. 「여 쇄신 대상은? 윤핵관 47.4% 이준석 24.0%⋯23.7% '둘 다'」.

이는 몇몇 언론에만 국한된 게 아니었다. 대부분의 언론이 다 그런 식으로 보도했다. 기사 제목만 대충 살펴보는 독자들에겐 이준석이 여론전에서 이기고 있다는 인상을 주기에 충분했다. 그러나 이 제목들은 공정하지도 않고 올바르지도 않다. 보수 신당 창당에 대한 생각을 왜 민주당 지지자들에게까지 묻는가? 아니 물을 수는 있다. 문제는 그들이 보수 신당과 국민의힘 중 어떤 선호도를 보인다고 해서 그걸 곧장 "국힘 말고 신당 지지"라는 식으로 말해도 괜찮으냐는 것이다. 이들이 민주당을 버리고 신당으로 간다는 말인가? 아니면 궁극적으로 이준석이 당을 옮겨 민주당 사람이 될 수도 있단 말인가? 그게 아니잖은가?

이 4건이 여론조사는 국민의힘 지지층의 생각 중심으로 보도했어야 옳았다. 민주당 지지층의 생각을 기사 본문에서 밝힐 순 있겠지만 적어도 제목은 국민의힘 지지층의 생각을 보여주는 것이어야 했다. 그렇게 할 경우 기사 제목은 다음과 같이 바뀌어야 한다.

「유승민·이준석 신당 창당 시 '국힘' 75.4%, '신당' 19.8% 지지」.「국민의힘 위기 책임, 이준석 46.5%, '윤핵관' 27.3%, 윤 대통령 10.6%」.「"비대위 전환 잘한 것" 55.5% "비대위 전환 잘못" 34.9%」.「여 쇄신 대상은? 이준석 48.9%, 윤핵관 26.7%…16.87%는 '둘 다'」.

민주당 지지자를 포함한 전체 여론을 소개한 앞의 기사 제목들과 비교해 어떤 느낌이 드는가? 전혀 다른 그림이 아닌가? 오죽 답답했으면 국민의힘 소속 충북지사 김영환은 이준석을 겨냥해 "민주당의 역선택에 의존하는 정치를 언제까지 할 것인가"라며 "그들이 타고 있는 배가 윤석열 몰락 기원의 깃발을 펄럭이며 배신의 항구에 닿고 있다"고 탄식했겠는가?[22]

사실 여론조사에서 민주당 지지자들의 전략적 응답은 놀라울 정도로 일사불란했다. 이준석 성 접대 수사에 대한 그들의 생각은 8월 하순 현재 7월 초순과 비교해 거의 180도 달라졌다. 8월 23~24일에 실시된 뉴스토마토와 미디어토마토 여론조사에서 여당 지지층 10명 중 7명은 '정당한 수사'로 본 반면 야당 지지층은 10명 중 6명꼴로 '정치적 목적'의 수사를 의심한다는 반응을 보였으니, 참으로 놀랍지 않은가?

여론조사업체들과 언론이 그린 방식으로 민주당의 내분을 다루었더라면, 즉 국민의힘 지지자들의 역선택이 큰 영향을 미친 여론조사를 하고 보도했다면 아주 재미있는 결과가 나왔을 것이다. 하지만 그런 일은 거의 일어나지 않았다. 그런데 왜 국민의힘 내분에 대해선 그랬던 걸까? 무슨 정치적 음모를 갖고 그런 것 같진 않다. 싸움의 흥행에 집착한 상업주의적 고려가 작용한 게 아닌가 싶다. 민주당 내분보다는 국민의힘 내분이 훨씬 더 드라마틱한 재미가 있다고 보았을 가능성이 높다.

수없이 양산된 이런 이상한 여론조사 기사들이 법원의 판단에 어떤 영향을 끼쳤는지는 모르겠지만, 8월 26일 서울남부지법은 국민의힘 비상대책위원장 '직무 집행 정지' 가처분 결정을 내렸다. 일부 언론은 '이준석의 승리'를 선포했지만 너무 성급했다. 전 민주당 의원 금태섭이 "이번 결정은 국힘의 완패인 것이 틀림없지만, 누구의 승리라고도 말할 수 없는 정치의 완패"라고 한 게 정확한 평가가 아닌가 싶다.[23]

금태섭은 윤석열 정권의 "핵심 구성원의 질과 실적이

참담한 수준"이라고 했는데, 사실 윤석열과 윤핵관의 무능은 경이로울 정도다. 이준석은 그걸 폭로한 1등 공신이다. 다만 그렇게 해서 이준석이 얻을 수 있는 게 무엇인지 모르겠다. 굳이 승리라고 부르겠다면 '허망한 승리'라고 하는 게 옳다. 그가 얻은 야권 지지자들의 지지와 사랑은 '하루살이'인 반면, 여권 지지자들에게 각인된 그의 이미지는 자신이 우뚝 서지 못한다면 지구가 멸망해도 좋다는 식의 엽기적인 자기애를 가진 인물이었으니 말이다.

'이준석의 승리'가 장기적으로 유지될 수 있는 가능성은 단 하나다. 사실상 윤석열이 굴복하는, 윤석열과 이준석의 화해다. 실제로 "이준석을 품으라"는 주문이 꽤 나왔다. 나는 윤석열이 그렇게 할지 안 할지 잘 모르겠다. 내가 더 궁금하게 생각하는 건 품는다는 게 구체적으로 무엇을 의미하느냐는 것이다. 윤석열은 이미 이준석을 두 번 품은 바 있다. 대선을 불과 3개월여 앞둔 시점에서 이준석이 벌인 제1·2차 잠적 사태를 상기해보라.

이준석은 그때나 지금이나 달라진 게 없다. 그간 이 문제에 가장 큰 공을 들인 윤핵관 비판의 모든 담론을 살펴보라. 모든 게 주도권 투쟁과 관련된 것이었을 뿐 공적 콘텐츠가 거의 없다. 이준석의 주도권 행사가 국민의힘에 바람직한 혁신의 바람을 불러올 수 있는 면도 있겠지만, 그 부작용도 만만치 않을 게다. 이준석의 사전엔 대화와 타협이 없기 때문이다.

이준석은 모든 걸 싸우는 방식으로만 해결하려고 든다. 그가 희대의 싸움꾼임은 잘 입증해 보였지만, 그가 원하는 건 통합을 지향하는 지도자의 길이 아닌가? 공인으로서 자신에게도 큰 책임이 있는 그간의 모든 논란에 대해 사죄하는 모습을 보이면서, 앞으로 어떻게 달라지겠다는 걸 밝히고 설득해야 한다. 그가 뒤늦게 배워야 할 건 굴복이다. 그가 '허망한 승리'를 넘어서려면 반드시 해야 할 일이다. (『경향신문』, 2022년 8월 31일)

'성 상납 의혹'을 '권력투쟁 프레임'으로 바꾼 묘기

"집권 여당 대표가, 그것도 구태 정치와 단절을 선언했던 젊은 정치인이 성 상납과 알선수재 논란에 휩싸여 있고, 7억원을 주고 성 상납 사건의 증인을 회유하려 했다는 증거인 멸 교사 의혹까지 받고 있다면 이는 결코 가볍게 여길 사안이 아니다. 연이은 가처분 신청으로 맹렬히 저항하고 있는 이준석은 정작 자신의 비위 의혹에 관해서는 극도로 말을 아낀다."

재단법인 와글 이사장 이진순이 2022년 9월 7일『한겨레』에 쓴「참 이상한 정치 방정식」이란 칼럼에서 한 말이다. 아닌 게 아니라 정말 이상한 일이다. 그 의혹이 사실이 아니라면 너무도 억울해 밤잠을 못 이룰 텐데, 억울한 건 죽어도 못 참는 성격을 가진 것처럼 보이는 사람이 그런 인내심을 발휘하다니 놀라운 일이다. 왜 그러는 걸까? 이진순은 다음과 같은 분석을 내놓는다.

"권력 암투의 생리에 밝은 그의 셈법은 영리하다. '이준석 성 상납' 프레임보다 '이준석 대 윤핵관의 권력투쟁' 프레임이 그에겐 훨씬 남는 장사가 될 것이다. 윤석열 대통령이 그랬듯 '권력으로부터 박해받는 자'의 이미지는 그의 주가를 급등시키는 반전의 계기가 될 수도 있을 테니까. 이번 싸움에서 패하더라도 그의 비위 의혹은 권력투쟁 구도 아래 묻힐 것이고 윤석열 정부와 여당의 정치적 위기가 가속될 때 그는 언제든 정치적 대안 카드로 다시 호명될지 모른다.”

이진순이 이런 분석을 통해 던지고자 하는 메시지는 이런 것이다. “지도자의 덕성과 자질이란 변수에 어떤 숫자를 대입하든 권력투쟁이란 함수에 들어가면 모든 윤리적·사법적 비위의 결과값이 0으로 수렴하고 증발하는 이 기괴한 방정식을 도대체 어떤 고등수학으로 설명해낼 수 있단 말인가?”

탁월한 질문이다. 이 질문 앞에서 가장 부끄러워해야 할 쪽은 언론이다. 언론은 이준석에 대한 호·불호와 무관하게 오직 상업주의적 관점에서 장사가 더 잘되는 권력투쟁의 문제에만 집중함으로써 사실상 이준석의 그런 프레임 전환을 적극적으로 도왔으니 말이다. 언론의 협력에 고무된 이준석은 윤핵관을 넘어 윤석열을 직접 타격함으로써 한국 보수 정치의 판을 뒤엎어 보겠다는 야망을 드러내기에 이르렀다.

성 상납 의혹? 그건 보수 정치의 판을 뒤엎는 거대한

과업에 비추어 너무도 사소한 일이라고 생각하는 사람이 많다. 이준석의 시도를 기성 정치의 권위주의 체질에 대한 도전으로 예찬하는 사람들도 있다. 특히 권위주의 체질에 질린 일부 청년층에서는 이준석에 대한 지지를 강화하고 있다. 이들은 이준석이 제기한 의혹에 대해선 절대적 신뢰를 보내면서도 이준석의 성 상납 의혹에 대해선 이준석이 유죄판결을 받아야 인정하겠다는 이중 기준을 보인다.

그런데 이준석은 과연 기존 권위주의 질서와 체질에 도전해온 인물이었던가? 이준석은 눈물까지 보인 8·13 기자회견에서 자신을 향해 쏟아진 '선당후사先黨後私' 개념을 '근본 없는 용어'라고 비판했다. 그는 "저는 사람에 충성하지 않는 국민의힘을 넘어서 조직에 충성하는 국민의힘도 불태워야 한다고 생각한다"며 "오로지 자유와 인권의 가치와 미래에 충실한 국민의힘이 되어야 한다고 생각한다"고도 했다.[24] 아닌 게 아니라 가슴을 설레게 만들 정도로 정말 멋진 말씀이다. 다만 문제는 그가 언제부터 이런 생각을 했고 실천했느냐는 점일 게다.

이준석은 2021년 8월 부동산 관련 불법 의혹이 제기되어 제명 또는 탈당 요구 조치를 받은 6명의 의원을 향해 "가장 중요한 것은 대선 승리를 위해 모두가 합심하는 것이고, 선당후사 정신을 발휘하는 것"이라고 했다.[25] 자신을 향하면 '근본 없는 용어'지만, 자신이 요청하면 '가장 중요한 것을 위해 발휘해야 할 정신'이라는 건 좀 이상하지 않은가?

이준석이 "제가 제대로 역할을 맡으면 윤석열 대통령 국정 수행 지지도 하락 문제를 20일이면 해결할 자신이 있다"고 말한 건 7월 3일이었다. 자신이 당 징계의 위협에 시달리던 때엔 자신의 충성심을 강조하는 말을 해도 되지만, 7월 8일 '당원권 정지 6개월'이라는 중징계를 받고, 7월 26일 "내부 총질이나 하던 당대표"라는 윤석열의 발언이 공개되었으니, 사정이 달라졌다는 건가? 그렇다면 그냥 권력투쟁을 하는 것이지 무슨 큰 의미를 부여할 일은 아니잖은가?

이준석은 2021년 6·11 당대표 수락 연설에서 '비빔밥론'을 부르짖으면서 "저는 다른 생각과 공존할 자신이 있다"고 했다.[26] 하지만 이후 그가 한 일은 자신과 생각이 조금만 다르면 비판하고 공격한 것이었다. 자신의 주요 지지 기반인 2030 남성 세대에 어필하기 위해 영입한 여성 인사가 매우 온건한 수준의 페미니즘 성향만 가져도 반대하는 횡포를 부려온 게 대표적인 예다.

'성 상납 의혹'을 '윤석열 공격'으로 바꿔치기한 이준석의 묘기 능력은 흔쾌히 인정하겠지만, 그가 좋아하는 사자성어 하나를 빌려 말하자면, '과유불급過猶不及'이다. 한때 '조로남불(조국이 하면 로맨스 남이 하면 불륜)', '조적조(조국의 적은 조국)' 등의 말이 유행한 적이 있다. 이준석은 이미 '이로남불', '이적이(이준석의 적은 이준석)'의 위기에 처한 건 아닌가? 자신의 과거 언행에 대한 성찰적 점검을 해보는 게 좋을 것 같다. (『UPI뉴스』, 2022년 9월 12일)

바보야, 문제는 '성격'이야!

단순한 해프닝으로 끝낼 수도 있었던 이른바 '비속어 논란' 사건을 이렇게까지 키운 윤석열 정권의 실력에 새삼 놀라게 된다. 사람들은 그 실력을 '무능'이라 부르지만, 내가 보기엔 '성격'이다. 주변에 강한 직언을 하는 사람을 두지 않음으로써, 아니 사실상 직언을 용납하지 않음으로써, 대통령실에 상시적인 '집단사고' 풍토를 조성한 윤석열의 성격이 만들어낸 비극이다.

윤석열 정권은 MBC를 '국기 문란 보도'의 주범으로 몰아가는 방식으로 대응했지만, 실은 MBC를 보호하기 위해 발버둥친 격이었다는 걸 아는지 모르겠다. 문제를 일으킨 최초의 장본인인 윤석열이 일단 사과부터 한 후에 MBC의 문제를 분리해서 대응했더라면 MBC의 행태에 강한 문제의식을 가질 사람이 많았을 것이다.

그런데 윤석열 정권은 내내 윤석열이 억울한 피해자인 양 '피해자 코스프레'를 연출하면서 MBC를 향해서만 손가락질을 해댔으니, MBC로선 큰 행운이었다. 윤석열에 대한 국민적 분노 덕분에 마땅히 맞아야 할 매마저 피해갈 수 있었다는 점에서 말이다.

"바보야, 문제는 경제야!"라는 말이 있다. 이 말은 미국에서 수입한 것이긴 하지만, 한국의 현실에서도 큰 울림을 주는 경우가 많아 정치권에서 자주 애용되고 있다. 이

표현을 원용해서 말하자면, 나는 이번 '비속어 논란' 사건처럼 큰 정치적 갈등을 볼 때마다 "바보야, 문제는 '성격'이야!"라고 외치고 싶을 때가 많다. 이준석과 관련된 국민의힘 내분 사태도 바로 그런 경우인데, 이에 대해 말씀을 드리고 싶다. 이준석이 나흘 전 페이스북에 올린 글부터 감상해보자.

"핵을 가질 때까지는 어떤 고난의 행군을 걷고 사람이 굶어 죽고 인권이 유린돼도 관계없다는 휴전선 위의 악당들을 나는 경멸한다. 마찬가지로 당권, 소위 공천권을 갖기 위해서는 어떤 정치 파동을 일으키고 당헌·당규를 형해화하며 정권을 붕괴시켜도 된다는 생각을 가진 자들에 대한 내 생각도 다르지 않다. 둘 다 '절대 반지만 얻으면 지금까지의 희생은 정당화될 수 있고 우리는 금방 다시 강성대국을 만들 수 있어'라는 천박한 희망 고문 속에서 이뤄지는 집단적 폭력이라고 나는 생각한다."[27]

이준석이 잘되기를 바라는 사람으로서 나도 모르게 "아, 이건 아닌데……"라는 탄식이 터져 나왔다. 나는 누가 옳으냐 그르냐 하는 문제엔 별 관심이 없다. 양쪽 모두 문제가 있다는 양비론이 무난하게 여겨지는 사안을 두고 우위를 따지는 게 무슨 큰 의미가 있겠는가? 나처럼 이 싸움을 '50대 50'이나 '40대 60'의 양비론으로 보는 사람이 적지 않을 게다. 그런데 싸우는 양쪽은 100의 정당성이 자신들에게 있다는 식으로 주장하고 있다. 앞서 소개한 이준석의 글이 잘 보여주고 있듯이 말이다. 나는 양쪽 모두에게 "바보야, 문제는 '성격'이야!"라고 외치고 싶다.

"능력으로 정상에 오를 수 있지만, 정상에 머무르게 만드는 건 성격이다." 미국의 전설적인 농구 감독이었던 존 우든의 말이다. 자신의 능력으로 국민의힘을 이끄는 지도부의 정상에 섰지만, 그 자리를 오래 지키지 못한 채 윤석열, 아니 사실상 국민의힘과 전쟁을 벌이고 있는 이준석을 보면서 떠올린 명언이다.

이준석에게 호의적이었던 대구시장 홍준표는 이준석이 8월 13일 기자회견에서 "이 ×× 저 ×× 하는 사람을 대통령 만들기 위해 열심히 뛰었다"고 밝힌 것과 관련해 "왜 그런 욕을 먹었는지도 생각해봤으면"이라고 말했다.[28] 나는 홍준표야말로 정말 이준석을 아끼는 좋은 조언을 해주었다고 생각한다. 이 조언에 대해 이준석은 '피해자 탓하기'라는 식으로 대응했지만, 과연 그런 건지 한 번 더 생각해보면 좋겠다. 왜 자신이 받은 상처만 기억하고 자신이 남에게 준 상처는 눈치조차 채지 못하고 있는 건지 그런 자기중심주의 성격이 안타깝다. 이 갈등이 자신과 똑같은 성격을 가진 사람과의 충돌이라는 생각은 꿈에서도 해본 적이 없는 걸까?

스타일이 서로 다른 것 같지만, 사실 윤석열과 이준석 두 사람은 중요한 특성에선 닮은 게 더 많다. 첫째, 오만하다. 둘째, 말이 많다. 셋째, 말이 거칠다. 윤석열의 '비속어 논란'도 이 세 가지 특성이 합해져 일어난 것이지만, 잠시의 공백도 견디지 못하는 그의 다변 체질에 가장 큰 책임이 있다. 머릿속에 떠오른 생각을 몇 분, 아니 몇십 초의 공백을 참지 못해 상황도 살피지 않은 채 즉각 밖으로 발설해야만 직성이 풀리는 그 성급함 또는 경솔함은 자기 자신의 목을 조르고 있지 않은가? 그 정도까진 아닐망정 이준석의 거친 다변도 국내 최고 수준이다.

이준석은 "세상은 나를 중심으로 돈다"고 생각하는

성격을 가진 사람이다. 이걸 싸가지 문제로 오해하는 사람이 많은데, 그게 아니다. 자기중심적 권위주의다. 예컨대, 이준석이 입당 전 윤석열을 '비빔밥의 당근' 정도로 비유하고, 입당 후 윤석열에게 '연습문제'를 내고 그걸 수행하면 자신도 선거전에 적극 나서겠다고 제안한 걸 상기해보라. 이건 싸가지를 훨씬 넘어선 수준의 문제이며, 이런 사례가 무수히 많았다.

세상의 짐작과는 달리 이준석은 그간 젊은 나이 때문에 불이익은커녕 오히려 이익을 보는 경우가 더 많았다. 가장 큰 이익은 그의 자기중심적 권위주의를 은폐해주는 효과다. 권위주의는 성격의 문제임에도 나이의 문제로 오해하는 사람이 많다. 이준석이 갈등을 빚는 주요 상대는 윤석열을 포함해 50~60대의 중진 정치인들이기에 이건 매우 중요한 문제다. 30대가 60대의 권위주의를 비판하는 건 다른 사람들의 지지와 공감을 얻기 쉬운 반면, 60대가 30대의 권위주의를 비판하면 사람들은 60대를 향해 포용력이 없다거나 나이 차별을 한다는 등 엉뚱한 꼰대 타령을 해대는 경향이 있다.

혹 이준석 자신이 꼰대는 아니었을까? 비빔밥론을 내세우면서 "저는 다른 생각과 공존할 자신이 있다"고 했던 2021년 6·11 당대표 수락 연설은 어디로 갔는가? 다른 생각을 자신의 권위주의로 누르려고 했던 건 아닌지 자신을 돌아보아야 한다. "성격은 인간의 운명"이라고 한 헤라클레이토스보다는 "진정 힘 있는 자는 자신의 성격을 스스로 만들 수 있는 사람이다"고 한 마키아벨리의 조언을 따르면 좋겠다. (『무등일보』·『영남일보』·『중부일보』·『충청투데이』, 2022년 10월 4일 공동 게재)

제 5 장

위선과 사기가 난무하는 '지방 문제'

지역균형발전 사기극

「속도 내는 GTX… '교통 혁명'인가 '수도권 블랙홀'인가」. 2018년 12월에 나온 『한겨레』의 기사 제목이다. 정부의 수도권 광역급행철도GTX 건설 계획이 탄력을 받고 있다는 걸 소개하면서 광주대학교 교수 이민원의 우려를 곁들인 기사였다. "비수도권에 투자를 해도 모든 자원이 수도권으로 몰리는 상황이다. 지티엑스가 개통되면 수도권 블랙홀 현상이 심화돼 국가균형발전은 돌이킬 수 없는 상태가 될 것이다."[1]

GTX는 교통 불편 해소와 집값 부담 완화가 목적이었다지만, 『중앙일보』 교통 전문기자 강갑생이 잘 지적한 것처럼 부동산 시장의 '태풍의 눈'이 되고 말았다.[2] 아니 'GTX 전쟁'이었다. 노선과 역의 수혜를 입은 지역의 부동산 가격은 폭등했고, 이를 지켜보는 비수혜 지역의 상대적 박탈감과 분노는 거세게 타올랐으며, 이는 격렬한 항의 집회로 이어졌다.

GTX와는 무관한 지방민들은 GTX를 위해 투입될 100조 원 넘는 재정의 일부라도 지방으로 돌리라고 요구할 법도 한데, 아무런 말이 없었다. 지난 수십 년간 역대 정권들이 벌여온 '지역균형발전 사기극'에 당할 만큼 당했기에 체념의 지혜를 터득한 것인지도 모른다. 지방민은 그저 각자 자기 지역에 국한된 공약에만 관심을 기울일 뿐이며, 일부는 자식을 서울로 보내는 각자도생 문법을 택했다.

국가의 장래를 논의하는 대선을 맞아 "이대론 안 된다"는 목소리가 나오는 건 당연한 일이다. 『한겨레』 경제 에디터 김회승은 2021년 7월 「대선후보들한테 듣고 싶은 이야기」라는 칼럼을 통해 GTX 문제를 제기했다. 그는 "지티엑스는 지방 인구와 경제력이 수도권에 더 강력히 흡수되는 빨대 효과를 부를 공산이 크다"며 다음과 같이 말했다.

"수도권 진입 수요는 더 늘어날 것이고, 지티엑스 노선을 따라 줄줄이 더 많은 아파트가 들어서고, 서울 도심과 강남은 더 붐빌 것이다. 지금도 전 국토의 12% 남짓한 공간에 국민 절반이 모여 산다.……지방 소멸은 더 빨라질 것이다. 현재 전국 면 단위 지역 중 병원이 없는 곳이 76%다. 슈퍼마켓 하나 없는 곳도 45%나 된다. 학교는 어떤가. 벚꽃 피는 순서대로 망하는 중이다. 말로는 지역균형을 외치면서 온갖 인프라는 수도권에 집중한 당연한 결과다. 후보들의 해법이 궁금하다."[3]

문세의 핵심을 짚은 탁견이다. 그러나 거대 양당의 후보들이 내놓은 해법은 'GTX 확장'이었다. 두 후보는 마치 도화지에 그림을 그리는 아이들처럼 신나게 'GTX 확장' 그림을 그려 나갔다. 그들은 수도권 전역을 평균 30분대 생활권으로 연결하는 'GTX 혁명'이라는 천진난만한 꿈을 이루겠다는 점에선 똑같았다. 이를 보다 못한 『경향신문』 논설위원 박종성은 2022년 2월 칼럼에서 "GTX 공약은 폐기되어야 한다"고 했다. 그렇지 않다면 "지역균형발전은 '선거용 정치적 수사'에 불과했다"고 말하는 것이나 다름없다는 것이다.[4]

그러나, 어이하랴. 두 후보는 물론 두 정당의 진심은 지역균형발전은 '선거용 정치적 수사'라는 것이었으니 말이다. 앞서 소개한 이민원의 우려는 현실이 되어가고 있다. 대선후보들에게 사기의 의도는 없었다고 한다면, 이건 '분업의 저주'다. 지역균형발전은 산업 정책, 교육 정책, 부동산 정책, 교통 정책과 연계되어 있으며 그렇게 다루어야만 한다. 일자리와 더 나은 교육의 기회를 수도권에 집중시키는 한 지역균형발전은 불가능하다. 수도권의 부동산·교통 정책이 기존 수도권 집중 추세를 전제로 하는 한 더 많은 사람을 수도권으로 불러들여 문제를 악화시킬 뿐이다.

그럼에도 지역균형발전 정책은 산업·교육·부동산·교통 정책과는 아무런 연계도 없이 외딴 섬처럼 고립되어 있다. 그저 선거 때만 내놓는 구색 맞추기용 정책에 불과하다. 그래도 민심이 들끓지 않는 게 우리의 현실이자 숙명이라며, 감수하는 수밖에 더 있겠는가? 하지만 거짓말이나 희망고문은 더는 당하고 싶지 않다. 앞으로 지역균형발전이라는 말을 쓰지 마라.

이 글에 대해 불편하게 생각할 독자들께 죄송하다는 말씀을 드리고 싶다. 30년 넘게 같은 주장을 반복하다 보니 나 스스로 질린다. 나 역시 체념의 지혜를 발휘하면서 가급적 지방 문제에 대해선 글을 쓰지 않으려고 애쓰고 있다. 다만 대선후보들이 지방에만 오면 지역균형발전을 큰 소리로 외치는 걸 참기 어려웠을 뿐이다. 지역균형발전은 산업·교육·부동산·교통 정책과 한 묶음으로 추진해야 작은 개선이나마 이룰 수 있고, 이게 지방 소멸이라는 국가적 재앙을 막을 수 있는 출발점이다. 지방 소멸을 당하더라도 그 이유를 알고나 당하자.

'지방 소멸'을 막을 최후 카드는 '지역정당'이다

"각 정당들은 그들만의 놀라운 철옹성을 쌓는 네 성공했다. 시민들로부터 외면당하고, 당원은 모든 정파를 다 합해도 최대 36만여 명밖에 되지 않는다. 이는 프랑스 국민의

0.5퍼센트에 불과한 숫자다. 이런 상황임에도 그들은 모든 선거에 참여할 수 있는 후보 선정의 독점권을 쥐고 있다!"[5]

프랑스 정치학자 로맹 슬리틴이 『시민 쿠데타: 우리가 뽑은 대표는 왜 늘 우리를 배신하는가?』(2016)라는 책에서 한 말이다. '후보 선정의 독점권'이란 말이 가슴에 와 닿는다. 속된 말로 하자면, 세상에 이런 '대박 장사'가 어디에 있겠는가? 정당의 공천이 곧 당선으로 통하는 지역이 많은 거대 양당제 국가에선 정당이야말로 '황금알을 낳는 거위'가 아니고 무엇이랴. 어느 나라에서건 정치 혐오 정서가 강함에도 정치에 목숨을 거는 사람이 많은 이유도 바로 정당이 제공할 수 있는 '권력' 또는 '이권'의 규모가 워낙 크기 때문일 게다.

양당제 국가에서 정치는 조폭들의 패싸움과 비슷하다. 불가리아 출신의 영국 작가이자 문화인류학자인 엘리아스 카네티는 이미 60여 년 전 『군중과 권력』(1960)에서 "현대 의회의 양당 제도는 서로 적대하는 군대의 심리적 구조를 이용하고 있다"며 "그것은 전쟁의 경우처럼 의지 내 의지의 대결이다"고 했다.[6]

양당제 체제에서 선택이 양자택일의 문제로 축소되면 정당의 후보자들은 유권자의 지지를 얻을 필요가 없어진다. 미국 작가 레베카 코스타는 "그들이 해야 할 일은 우리가 단 하나뿐인 대안, 즉 그들의 경쟁자로부터 등을 돌리도록 하는 것뿐이다"며 다음과 같이 말한다.

"어쩌면 자유로운 선택을 하고 있다는 기분이 들지도 모르지만, 실제로 우리가 하는 일은 한 후보자를 반대함으로써 자동적으로 다른 유일한 대안에 지지를 보내는 것에 불과하다. 이것이 바로 미국이 두 세기가 넘도록 양당제에 정체되어 있는 이유이자, 우리가 앞으로도 수 세대에 걸쳐 이 방식을 유지할 가능성이 높은 이유다."[7]

최근 한국에선 '팬덤 정치'의 폐해가 논의되고 있지만, '팬덤 정치'는 정확한 이름은 아니다. 대중문화 분야의 팬덤에게 결례일 수 있다. 정치 분야의 팬덤은 처음부터 누구를 좋아하거나 사랑해서 형성된 집단이라기보다는 특정 정당이나 후보를 증오하거나 혐오하기 때문에 그 반대편에 있는 정당이나 후보에게 지지를 보내는 집단이라고 보는 게 옳다.

내가 증오하거나 혐오하는 사람을 누군가가 대신 응징해준다고 생각해보라. 얼마나 고맙고 예뻐 보이겠는가? 그래서 집단적으로 보내는 지지와 감사의 표현이 팬덤처럼 보이는 건 사실이지만, 동기 자체가 불순하다는 점에서 대중문화 팬덤보다는 격과 수준이 크게 떨어진다. 어느 나라에서건 특정 후보에 대한 증오나 혐오가 정치적 선택의 동력이 되는 응징 투표가 광범위하게 일어나고 있지만, 한국은 그로 인한 부작용이 매우 심하게 나타나는 나라다. 무엇보다도 바로 그런 응징 투표가 지방 소멸의 위기를 불러왔기 때문이다.

2022년 6·1 지방선거가 끝난 후 감명 깊게 읽으면서 내심 경의를 표한 기사가 하나 있다. 6월 2일 『무등일보』에 게재된 「충격의 37.7%…민주당 염증 극에 달했다」는 기사다. 이 기사는 "불과 85일 전에 치러진 3·9 대선에서 전국 최고 투표율(81.5%)을 기록한 광주는 이번 지방선거에서 37.7%로 역대 모든 선거와 모든 지역을 통틀어 최저의 투표율을 기록했다"며 "어차피 민주당 후보가 될 것이 뻔한 데 안 찍는다고 뭐가 달라지겠느냐는 심리였다"고 개탄했다. 이 기사의 주요 내용을 압축해 소개하자면 다음 다섯 가지로 정리할 수 있겠다.

첫째, 불공정·불투명으로 상징되는 민주당 경선과 공천만 받으면 끝이라는 안일한 선거운동은 '일당 독점의 염증 유발 정치'를 초래했다. 둘째, 민주당을 당원들에게 돌려준다는 구실로 탄생한 '권리당원제'는 기존 기득권 정치를 유지시켜주는 보호막으로 전락했다. 셋째, 지역위원장의 계보 정치가 극성을 부리면서 할 말을 하는 사람을 찾아보기 힘들며, 사실상 민주당의 자정 기능은 멈춘 지 오래다. 넷째, 이미 기획된 싸움판에서 살아남을 자신이 없는 신인들은 정치를 포기했고 이는 민주당 후보들의 무더기 무투표 당선과 유권자들의 무더기 투표 포기로 이어졌다. 다섯째, 기성 정치인들은 머리를 숙이면 품고, 대들면 파내는 '의리 정치'와 인연에 매몰된 '품앗이 공천'으로 정치판 자체를 오염시켰다.[8]

이런 '일당 독점의 염증 유발 정치'가 어찌 광주에만 국한된 것이겠는가? 전남·전북의 사정도 비슷하며 정도는 덜할망정 영남 지역의 사정도 크게 다르지 않을 게다.

사실 이건 새로운 사실은 아니다. 이미 8번째 반복된 일이다. 아니 앞으로도 계속 반복될 일이다. 놀랍지 않은가? 아니, 놀랍게 생각해야 할 일이 아닌가? 그러나 우리는 별로 놀라지 않는다. 모두 다 체념의 달인이 되기로 작정한 것처럼 보인다.

불편할망정 진실을 직시하자. 지방은 서울의 식민지다. 지방에서의 정치란 서울에서의 지역 간 패권 경쟁을 위한 도구일 뿐이다. 서울 권력의 힘을 빌려 더 많은 자원을 지역으로 가져오겠다는 게 최대의 발전 전략일 뿐 지역 내부에서 스스로 발전과 혁신을 꾀하는 일엔 관심이 없다. 적극성도 없고 자발성도 없다. 선거가 다가오면 무조건 서울에서의 지역 패권 경쟁을 벌이는 우리 편 정당에 지지를 보내야 한다. 그 모습은 무기력한 좀비를 방불케 한다.

서울에서의 지역 패권 경쟁은 정치를 직업으로 삼은 엘리트들의 밥그릇 싸움일 뿐, 지역 발전과는 무관하다. 그렇지 않다면, 적어도 민주화 이후 모든 대통령과 국회의원 대부분이 지방 출신이었음에도 지방 소멸의 위기가 나타난 건 어째 설명할 수 있겠는가?

기존 시스템으로는 지방 소멸을 막을 수 없다는 건 충분히 입증되었다. 이제 생각해볼 수 있는 마지막 카드는 기존 식민지 체제에 굴종하지 않는 '지역정당'의 출현과 활성화뿐이다. 이를 위해선 서울에 중앙당을 두고 5개 이상의 시·도당을 설치해야 정당 등록을 받아주는 기존 정당법을 바꿔야 한다. 기존 식민지 체제의 기득권을 지키려는 거대 양당이 반대하겠지만, 브레이크 없이 질주하는 지방 소멸을 잠자코 앉아서 당할 수는 없잖은가? 비명이라도 질러야 하지 않겠는가?

정권 장악을 위해 착취당하는 호남

"형식 민주주의가 정착한 이후에 '민주화의 성지'는 민주당 계열 정당이 독식하면서 정치적으로 '착취'당했다. 광주 시민의 열정은 광주를 위해 쓰이지 못하고 전국 정치 연료로 징발당했다. 대통령 선거, 국회의원 선거를 휩쓴 구호는 언제나 정권 교체였다. 광주는 없었다. 심지어는 지방선거를 하는 데도 정권 교체의 대의를 위해 한 표 행사를 강

요받았다."[9]

이른바 '위장 탈당' 뒤 민주당 복당을 위해 애쓰고 있는 무소속 의원 민형배가 광주 광산구청장 시절인 2017년에 출간한 『광주의 권력: 민주화의 성지에서 민주주의 정원으로』라는 책에서 한 말이다. 나는 최근 민형배가 보여준 정치적 언행엔 동의하지 않지만, 그가 이 책을 낼 때까지 보여준 지역 정치에 대한 애정과 비전엔 전폭적인 지지를 보낸다. 지금은 그의 생각이 달라졌는지는 알 수 없지만, 적어도 2017년까지 민형배가 역설한 지역 정치론은 광주만이 아닌 모든 지역민이 귀를 기울여보는 게 좋겠다.

민형배는 '정권 장악을 위해 착취당하는 광주'의 변화를 위해 열변을 토했지만, 이는 광주에만 국한된 문제가 아니다. 호남 전체가 안고 있는 문제다. 2022년 대선에서 전남은 86.10퍼센트, 광주는 84.82퍼센트, 전북은 82.98퍼센트의 몰표를 민주당 후보인 이재명에게 던졌다. 총선과 지방선거에선 무소속 후보들의 당선이 다양성을 조금이나마 살려주지만 대부분 민주당 계열이어서 사실상 대선에서의 민주당 집중도와 다를 게 없다.

나는 한때 호남의 그런 몰표 현상을 공개적으로 옹호했지만, 김대중의 대통령 당선 이후엔 달라졌다. 노무현 정권의 탄생 이후엔 더욱 달라졌고, 문재인 정권의 탄생 이후엔 더더욱 달라졌다. 이젠 호남인들의 투표 행태에 상식 수준의 정상화가 필요하다는 게 나의 생각이다. 민형배도 「민주화 이후 민주주의에 뒤처진 광주」라는 제목의 이 책 제7장에서 민주화 이후에 망가져가고 있는 호남 내부의 민주주의에 대한 안타까움을 토로하고 있다.

민형배는 앞서 2013년에 출간한 『자치가 진보다』라는 책에선 호남 유권자들이 사실상 호남 엘리트의 인질로 전락해 이용당하고 있는 현실을 이렇게 고발하기도 했다. "민수 정부 10년을 거치고도 광주는 그냥 광주에 머물러 있다. 광주·전남에 연고를 둔 정치 엘리트, 고위 관료, 일정 규모 이상의 기업 등이 잠깐 동안 괜찮은 기회를 누렸을 뿐이다. 이 진실을 뒤집으면, 정치권력을 '빼앗긴' 현재 직접적으로 타격을 받는 사람들은 광주·전남 시도민이 아니다. 한때 괜찮은 기회를 누린 그들이 기회를 박탈당했을 뿐이다."[10]

그렇다. 이게 바로 호남의 문제요, 한국 지방 정치의 문제다. 민형배는 "그들의 기회 박탈을 우리 모두의 기회 박탈로 포장한 다음, 지역의 유권자를 중앙 정치에 동원했던 것이 지금껏 우리 지역에서 벌어진 정치 행태였다"며 "이 과정에서 우리는 자치와 지역을 잃었다"고 개탄, 아니 분노한다.[11] 호남 유권자의 인질화를 부추기는 건 민주당과 강성 지지자들의 '증오·혐오 마케팅'이다. 반대 정당 악마화는 여야가 모두 똑같이 써먹는 수법이지만, 호남 유권자들은 그런 선전선동에 취약할 수밖에 없는 역사적 경험과 상처를 갖고 있다.

그렇게 해서 지난 수십 년간 호남에 굳건한 뿌리를 내린 게 바로 '1당 독재'다. 영남도 비슷한 문제를 안고 있다. 국가의 미래는 생각하지 않은 채 단기적 탐욕에 눈이 먼 중앙정부가 지방 소멸을 부추기는 정책을 펴도 그 흔한 시위 한 번 하지 않는 게 '1당 독재' 지역이다. 견제와 경쟁이 없는 곳에서 경제인들 잘될 리 만무하다. 유권자들이 그 폐해를 모르는 게 아니다. 사석에선 '1당 독재'에 대한 온 갖 개탄과 비난이 난무한다. 그러나 투표장만 들어가면 자기 지역정당의 정권 장악과 유지를 위해 평소 그리도 욕하던 정당에 표를 주고야 만다.

이제 그런 악성의 '승자독식 정치'를 청산할 때가 되었다. 최근 기존 소선거구제를 폐지하고 중대선거구제를 도입하자는 대안이 제시되었지만, 넘어야 할 산이 많다. 소선거구제 기득권자들의 반대와 더불어 중대선거구제의 효과에 대한 의문과 부작용에 대한 우려다. 치열한 공론화 과정을 통해 최적의 방안을 찾아보자. 어차피 '완벽'은 없다. 존재하지 않는 '최선'의 이름으로 '차선'마저 죽이진 말자. 지금 우리에게 가장 필요한 건 지역 발전을 위한 자치 역량을 키우는 데에 스스로 노력과 열정을 바치는 자율성 회복이다. 시역을 외면한 중앙 정치의 승리에 대한 집착이 그린 노력과 열정의 씨앗마저 죽이고 있는 현실을 바꿔보자.

'홀대'·'소외'·'낙후'에 집착하는 지방언론의 자해

2019년 4월 15일『한겨레』에 중요한 기사 하나가 실렸다. 기자 채윤태와 이정규가 행정안전부의 '재난연감'을 분석해, 세월호가 일어나기 전 3년(2011~2013년)과 견줘, 세월호 발생 뒤 3년(2015~2017년)의 안전사고가 오히려 늘어났으며, 특히 선박 사고가 증가했다는 걸 밝힌 기사다. 세월호 이후 재난에 대해 엄격해진 사회적 분위기가 통계에 반영되었다는 이야기도 있지만, 그간 우리 사회가 더 안전해졌다고 믿는 사람이 거의 없다는 점은 분명한 것 같다.

우리는 도대체 그간 무엇을 한 것인가? 과연 무엇이 문제인가? 정부의 문제는 평소 언론이 잘 지적하고 있으니, 언론의 문제를 살펴보자. 방송기자연합회 저널리즘 특별위원회는 언론의 세월호 보도 양상을 가리켜 '저널리즘의 침몰'이라고 했는데, 이 '침몰'은 비단 한국 언론에만 국한되지 않는다. 전 세계적으로 통용되는 기존 저널리즘 모델에 심각한 문제가 있다는 문제의식으로까지 나아갈 필요가 있다.

언론을 일컬어 행정·입법·사법에 이은 '제4부'라고 부르던 시절이 있었다. 영국의 보수 사상가이자 정치가인 에드먼드 버크가 1787년에 처음 쓴 말이다. 오늘에 비해 민권의 힘이 약했던 18~19세기, 아니 20세기까지도 언론은 3부의 감시자였고 그래야만 했다. 언론의 사명은 오직 감시와 비판이었다. 3부를 포함해 사회의 어둡고 추한 것들을 찾아내 고발하는 데에 목숨을 걸다시피 했으니, 뉴스는 곧 '나쁜 뉴스'를 의미하는 것이었다.

우리 인간 심리가 그렇다. "나쁜 것은 좋은 것보다 더 강하다"는 이른바 '부정성 편향negativity bias'은 뉴스의 숙명과도 같다.[12] 뉴스라는 서치라이트는 어두운 걸 좋아한다. 그래서 뉴스는 '막장 드라마'와 비슷하다. 사람들이 욕하면서도 즐겨 보기 때문이다. 뉴스는 처음부터 '막장 드라마'의 운명을 타고났다. 긍정적인 뉴스보다는 부정적인 뉴스가 잘 팔리고, 긍정적인 소문보다는 부정적인 소문이 잘 퍼져 나가기 때문이다.

1920년대에 『타임』을 창간해 언론 제국을 세운 헨리 루스는 "'좋은 뉴스'는 뉴스가 아니며 '나쁜 뉴스'가 뉴스"라는 정의를 내렸고, 이 정의는 미국을 넘어 전 세계의 언론인이 내면화한 가치가 되었다. 이스라엘의 언론학자 타마 리브즈의 표현에 따르자면, 언론은 "규칙보다는 예외를, 규범보다는 일탈을, 질서보다는 무질서를, 조화보다는

불협화음"을 보도하는 걸 사명으로 삼아온 것이다.[13]

그 사명의 실천은 지난 수백 년간 민주주의 발전과 언론의 성공에 큰 기여를 했지만, 이젠 세상이 달라졌다. '민주주의의 죽음'이라는 말까지 나올 정도로 기존 민주주의 체제에 대한 왕성한 문제 제기가 이루어지고 있고, 언론은 디지털 혁명의 소용돌이 속에서 존폐의 위기마저 맞고 있다. 어떤 조직이나 기업도 수백 년 묵은 원칙을 고수하지는 않는 법이건만, 언론은 믿기지 않을 정도로 완고하다. 전통을 죽도록 사랑하면서 더 많은, 더 자극적인 '나쁜 뉴스'를 생산하는 걸 살길로 여기는 듯하다. 그 대가로 언론 신뢰도의 추락이라는 재앙에 직면했건만, 그 어떤 근본적인 변화를 모색하지 않는 걸 보면 아예 '나쁜 기업'이 되기로 작정한 건 아닌지 모르겠다.

"더이상 이대론 안 된다"며 새로 태어난 저널리즘 모델 중의 하나로 '솔루션 저널리즘'이 있다. 이름에서 드러나듯, 솔루션 저널리즘은 "문제는 비명을 지르지만 해법은 속삭인다"는 문제의식을 갖고 사회문제에 대한 해법 위주의 보도를 하는 저널리즘이다. 국내에선 『미디어오늘』 대표 이정환이 2017년부터 '솔루션 저널리즘 전도사'를 자처하며 전파에 앞장서고 있으며, 일부 언론사들이 부분적으로 도입해 실천하고 있는 중이다.[14]

솔루션 저널리즘이 가장 필요한 곳은 지방언론이다. 지방언론은 자주 '홀대', '소외', '낙후'를 외치는 '나쁜 뉴스' 생산에 주력하고 있기 때문이다. 중앙 권력자, 고위 관료, 지역 정치인들의 각성을 촉구하는 좋은 뜻에서 그러는 것이겠지만, 오히려 그런 뉴스가 지역 주민들의 무력감을 키워 '지방 소멸'을 부추기는 자해는 아닌지 생각해보아야 하지 않을까? 이미 10여 년 전 『경남도민일보』 기자 김주완은 '솔루션 저널리즘'과 비슷한 '민원 해결 저널리즘'의 가능성을 제시한 바 있는데, 이게 훨씬 더 나은 방법이 아닐까? 사사로운 민원이 아니라, 공적 성격을 갖는 민원 해결에 지역언론이 앞장섬으로써 생활밀착형 저널리즘을 실천하는 동시에 지역민의 신뢰를 얻어 지역 발전의 동력을 스스로 만들어내자는 것이다.

민원 해결 저널리즘의 실천을 가로막는 최대의 장애는 언론인들이 신봉하는 '나쁜 뉴스' 종교다. '나쁜 뉴스'

는 문제만 던져놓고 외면해도 무방하며 그 과정에서 기자들에게 큰소리 뻥뻥 치는 맛을 주지만, '민원 해결 뉴스'는 번거롭고 성가시며 좀스럽다는 느낌마저 줄 것이다. 문제 제기는 쉽지만, 문제 해결은 어려운 것과 같은 이치다. 이제 기자들은 기존의 '권력자 모델'에서 새로운 '봉사자 모델'로 전환할 때가 되었다.

'광장'은 없고 '밀실'만 있는 지방 공론장

"세상이 돌아가는 방식은 이렇다. 가족이라는 작은 울타리 밖에 있는 사람은 누구나 잠재적 경쟁자이자 적군이다. 가족 외의 사람은 모두 의심해야 한다." 미국 정치학자 에드워드 밴필드가 1950년대 이탈리아 남부의 낙후된 마을을 탐사 연구한 끝에 내린 결론이다. 특수화된 신뢰는 일반 신뢰를 무너뜨리는데, 이 마을 주민들은 가족이라는 특수화된 신뢰에만 집착하느라 이웃과는 정을 나눌 수 없게 되었다는 것이다.[15]

오늘날 한국 사회는 1950년대 이탈리아의 이 마을

과 얼마나 다를까? 크게 다르다고 믿고 싶지만, 이 믿음을 배반하는 일이 자주 일어난다. 진보적 인사로 알려진 사람들이 장관 등과 같은 고위 공직 후보가 되어 그의 삶 이모 저모가 까발려질 때마다 우리는 그들이 '가족이라는 특수화된 신뢰'에만 집착한 삶을 살아왔다는 걸 알게 된다. 자식을 포함한 가족의 이익을 도모한 일과 관련해 온갖 불법 의혹이 불거지지 않는 후보를 찾기가 어려우니, 이런 생각을 하게 되는 것도 무리는 아니다. "아, 출세하려면 저렇게 살아야 되겠구나."

미국 정치학자 에릭 우슬러너는 『신뢰의 힘』이란 책에서 "부모는 첫 번째 도덕 교사들이다. 남을 믿거나 믿지 않는 성향은 어릴 때부터 길러진다. 이런 점은 개인의 신뢰관이 좀처럼 변하지 않는 이유이기도 하다"고 말한다.[16] 우리는 자녀들에게 무엇을 가르치고 있을까? 너무도 험한 세상이다 보니 "남을 믿지 마라"고 가르치는 게 일반적인 교육법 아닌가?

그렇다면 세상을 어떻게 살아가지? 영국 철학자이자 정치가인 오노라 오닐이 매우 현실적인 해법을 제시했다.

"솔직히 신뢰를 회복한다는 것은 어리석은 목표다. 그보다는 신뢰성 있는 대상을 더 많이 신뢰하고, 신뢰성 없는 대상을 신뢰하지 않는 데 목표를 두는 편이 낫다. 나 역시 신뢰성 없는 대상을 신뢰하지 않으려고 노력하는 긍정적인 목표를 세워두었다."[17]

신뢰성 있는 대상과 없는 대상을 어떻게 구별하지? 간단하다. 자신의 부족 중심으로 판단하면 된다. 부족사회의 시대는 끝났건만, 사람들이 자신의 정情이나 이해관계 중심으로 새로운 부족을 만들어내는 것도 그런 처세술 때문인지도 모르겠다. 하지만 그렇다고 해서 우리가 사회적 차원의 신뢰를 포기할 수는 없는 일 아닌가? 미국의 온라인 생활 정보 사이트 크레이그리스트에 관한 이야기로 이 문제에 대해 생각해보자.

크레이그리스트에 대해 좋은 말을 하기는 어렵다. 적어도 언론의 이상을 사랑하는 사람으로선 말이다. 크레이그리스트는 구인 광고와 일부 지역의 부동산 광고에만 돈을 받을 뿐 주로 무료 서비스로 운영되는데, 바로 이게 지역신문에 재앙이 되었다. 크레이그리스트가 지역신문사

수입의 40퍼센트, 수익의 50퍼센트를 차지할 정도로 노른자위 수입원이었던 생활 광고를 가져가는 바람에 지역신문들은 파산으로 내몰리고 말았다. 여러 개의 지역신문이 경쟁하던 미국의 웬만한 도시에 이제 지역신문은 달랑 1개만 존재한다.[18]

그러니 어찌 크레이그리스트에 대해 좋은 말을 할 수 있으랴. 그럼에도 배울 건 배워야 한다. 크레이그리스트의 어떤 점을 배울 것인가? 우선 자세부터 바로잡아야 한다. 한국 신문들은 1990년대 초반 크레이그리스트와 비슷한 지역 생활 정보지들의 돌풍에 노른자위 광고 수입원을 다 빼앗긴 뒤에도 배운 게 아무것도 없었다. 그저 「생활 정보지 범죄 악용 많다」, 「생활 정보지 과당 경쟁 부작용 많다」, 「유해 광고 여과 없이 게재, 독자 '정보 공해'에 시달려」 등과 같은 기사들을 통해 불편한 심기만 드러냈을 뿐 달라진 세상의 문법에 적응할 생각은 하지 않았다.

그런 자세론 곤란하다. 우선 목에서 힘을 빼야 한다. 목에 힘주던 시대는 지나간 지 오래다. 지역신문에 집중해 말하자면, 지역의 궂은일을 도맡아 하는 '봉사자 모델'로 전환해야 한다. 희생하라는 뜻이 아니다. 떳떳하게 먹고살기 위해서다. 그런 절박함이 있을 때에 비로소 지역의 문제들이 눈에 들어올 것이다. '서울 공화국' 체제의 1극 구조로 인해 지역민들의 관심을 서울에 빼앗긴 가운데 지역 이슈들이 서울 이슈들에 압도당하고 있는 현실을 넘어설 출구도 열릴 수 있을 것이다.

지역엔 공론장이 없다. 광장이 없다. 연고와 이해관계 중심으로 파편화된 밀실 공간은 무수히 많지만, 연고 없이, 사심 없이 지역에 대해 떠들 수 있는 마당은 없다. 그런데 놀랍고도 흥미로운 건 그런 마당 역할을 해보겠다고 시도하는 지역언론을 찾기가 어렵다는 점이다. 걸핏하면 인력과 돈 탓을 하지만, 아니 마당쇠 노릇을 하라는데 왜 그런 엉뚱한 이유를 대는 걸까? 모든 걸 자신들이 직접 해야 한다고 믿는, 디지털 혁명 이전의 낡은 사고방식에 갇혀 있기 때문이다.

크레이그리스트의 성공 비결은 '판 깔아주기'였다. 지역민들이 사이트에 방문해 마음껏 놀 수 있게끔 간섭하지 않고 그냥 믿어주는 것이었다. 창업자인 크레이그 뉴마

크는 '신뢰야말로 새로운 유행'이라며 이렇게 말했다. "제가 전혀 관여하지 않은 상태에서 일어난 일입니다. 제가 한 거라곤 멀찌감치 떨어져서 무슨 일이 벌어지는지 지켜본 게 전부입니다."[19]

지역민들은 이 사이트에 강한 신뢰와 애착을 가졌다. 예컨대, 어느 지역에 새로 이사 온 사람의 이야기를 들어보자. "이사도 회원들의 도움을 받았다. 가구와 여러 가지 물품을 기증받았고 그들을 통해 구입한 물건도 몇 개 있다. 사람들은 내게 많은 걸 추천해주었고 무수한 질문에 응답해주었다. 요즘엔 하루에도 몇 번씩 크레이그리스트를 확인한다. 마약에 중독되듯 이곳에 중독된 게 분명하다."[20]

이런 '판 깔아주기'는 언론이 할 일이 아니라고 생각한다면, 그런 생각부터 바꾸라고 말하고 싶다. 지역에 관심과 애정을 가진 사람들이 모여 있는 곳을 취재의 주요 공간으로 여기지 않고, 관官 중심의 출입처에서만 정보를 얻겠다니 그게 말이 되나? 그래서 '공무원 언론'이란 말을 듣는 게 아닌가? 정작 문제는 판을 깔아주는 주체에 대한 신뢰다. 사람들은 신뢰가 없는 곳엔 모여들지 않는 법이다. 지금 지역언론에 그런 신뢰가 있는가?

언론을 향해 신뢰를 강조하면 의외로 신뢰를 돈벌이와는 무관한 '도덕'으로만 여기는 사람이 많다. 어리석은 생각이다. 성공한 자영업자나 기업가들을 만나보라. 파는 제품에 대한 소비자들의 신뢰를 얻지 못한 채 돈을 벌 수 있느냐고 말이다. 신뢰라고 해서 많은 걸 요구하는 것도 아니다. 지역 발전을 위해 헌신하겠다는 열망과 실천 의지에 대한 믿음을 갖게끔 하는 수준이면 족하다. 지역엔 신뢰에 목마른 사람이 많다. 연고와 이해관계를 뛰어넘어 지역의 삶에 대해 마음껏 수다를 떨면서 서로 믿을 수 있는 유대를 맺고 싶어 하는 사람이 많다. 지역을 사랑하고 싶어도 그 사랑을 음미하고 실천할 수 있는 마당이 없다는 게 말이 되는가? 이런 일을 지역언론이 하지 않으면 누가 한단 말인가?

제
6
장

언론인으로
살아가기
어려운 세상

언론의 문제는 언론만의 문제인가?

우리나라의 기자 수는 인구 2,300명당 1명으로 세계 최고 수준이다. 프랑스 기자 수는 우리의 4분의 1 정도라는데, 이는 우리의 언론 자유나 발전의 수준이 프랑스의 4배라는 걸 의미하는 걸까? 국회를 담당하는 출입 기자는 1,747명 으로 의원 1명당 평균 6명꼴이다. 이 또한 세계 최고 수준 인데, 이는 그만큼 우리의 정치나 정치 저널리즘이 세계 최 고 수준이라는 걸 의미하는 걸까? 경제적으로 감당할 수 있 는 선을 훨씬 넘어서 언론사들이 난립해 있는 지역도 많은

데, 이는 그만큼 우리의 지방자치가 선진적이라는 걸 의미하는 걸까?

그렇게 생각할 사람은 없을 것 같다. 한국은 언론과 정치의 수준과 무관하게 언론사와 기자가 많은 '언론 공화국'이며, 이는 오랜 역사를 자랑하는 우리의 전통이기 때문이다. 김을한은 『한국신문사화』(1975)에서 "꿀 항아리에 모여드는 파리떼 모양으로 온갖 정상배와 모리배들은 한때 앞을 다투어 신문 기업을 하려고 했"는데, 이는 전쟁 중에도 마찬가지였다고 말한다. 그래서 "임시 수도 부산에 가보면 거리마다 다방마다 PRESS(신문)라고 쓴 완장을 팔에 두른 사람이 무수하게 많았"다는 것이다.[1]

그간 세상이 많이 달라지긴 했지만 '완장'의 힘에 대한 열망은 건재하다. 그 열망이 세상을 살아가는 지혜이자 진리라는 건 출세하고 가진 자들이 더 출세하고 갖기 위해 저지르는 각종 비리와 갑질의 홍수 사태가 증명해주고 있다. 이들이 보여주는 작태는 1890년대에 조선을 네 번이나 방문했던 영국 여행가 이사벨라 비숍이 탐관오리들을 아끼게 쓴 '면허증을 딴 흡혈귀'라는 말을 떠올리게 한다.

아무리 화가 나도 말은 바로 하자. 흡혈귀는 없다. 그 어떤 비리와 갑질의 주범도 직접 그 누구의 피를 빨지는 않는다. 그들은 면허증이나 기득권을 출세와 축재의 도구로 여기는 사회적 시스템과 관행에 따라 주변의 인정과 선망을 받으며 살았을 뿐이며, 그런 삶의 문법을 좀더 공격적으로 열심히 지켰을 뿐이다. 적당히 지키면 무사하고 철저히 지키면 탈이 나는 문법은 그대로 두고 "지나치면 안 된다"는 지혜만을 역설하는 것으론 모자라다.

흡혈귀가 있다면, 그건 바로 그런 시스템과 관행에 대한 우리의 무감각이다. 바로 여기서 언론이 문제가 된다. 그런 무감각은 법과 정책의 대상이라기보다는 소통과 공론의 문제이기 때문이다. 아니 더 나은 시스템을 만들기 위한 법과 정책을 요구하는 것도 언론의 역할이다. 법과 정책의 영역에 사는 사람들은 겉으로 불거진 문제만 다루도록 요구받고 훈련받은 사람들이기 때문이다.

그런데 언론의 번성이 단지 '완장'의 힘에 대한 열망 때문이라면, 소통과 공론은 뒷전으로 밀리고 만다. 모든 법과 정책의 문제가 사고가 터졌을 때에 한해서 비로소 집중적인 보도와 논평의 대상이 되는 '뒷북치기 저널리즘'이나 '하이에나 저널리즘'으론 결코 세상을 바꿀 수 없을 뿐만 아니라 필요 이상으로 우리 사회에 대한 좌절감만 증폭시킨다.

미국 언론인 니컬러스 레먼이 재치있게 표현했듯이, "기자들이 취재하고 보도한 것의 99퍼센트는 세상에서 실제로 일어난 것의 1퍼센트에 불과하다". 그 1퍼센트가 비교적 중요한 사건이나 이슈일망정, 온 사회가 그 1퍼센트에 집중하는 동안 99퍼센트의 세계는 잊힌 채로 방관의 수렁에 빠져들고 만다. 한국에서 전국 언론임을 자부하는 매체들의 세계에서 지방이 어떻게 다루어지고 있는지를 보면 실감이 날 게다.

언론사와 기자의 수가 많은 만큼 보도와 논평의 다양성이 실현된다면 모르겠지만, 우리가 처해 있는 현실은 그게 아니다. 지금 언론은 획일성을 추구하는 '똑같아지기 경쟁'을 벌이고 있다. 당파성을 드러내는 데엔 공격적이지만 그마저 '우리 대 그들'이라고 하는 틀에 박힌 공식에만 충실할 뿐이다. "지금 이대론 안 된다"는 문제의식은 누구나 다 갖고 있지만, 이는 당장 눈앞에 닥친 경제적 생존이라는 위기의식에 압도당하고 만다. 관훈클럽 총무 오태규의 말마따나 '편집에 봉사하는 경영'이 아니라 '경영에 봉사하는 편집'의 풍조가 언론계를 휩쓸고 있지 않은가?

그런데 흥미롭고도 놀라운 건 이 문제가 오직 언론만의 문제로 간주되고 있다는 점이다. 노동 문제는 노사정(노동자·사용자·정부)의 공동 문제라는 걸 당연시하면서, 어찌하여 민주주의의 기본 작동 문제를 언론만의 문제로 여기는 걸까? 사회적 소통과 공론에 근본적인 결함이 있어도 국민과 정부는 면책될 수 있단 말인가?

언론이 그 어떤 혁신을 추진한다 해도 국민이 아무런 가치 판단도 없이 언론을 공산품처럼 대하고 정부가 언론을 통제의 대상으로만 여기는 한 달라질 건 아무것도 없다. 언론의 정상화 없인 민주주의의 정상화가 불가능하다는 인식에서 출발해 이른바 언국정(언론·국민·정부)이라고 하는 상호 관계 속에서 언론의 문제를 보아야 한다. '면허증을 딴 흡혈귀'의 예방과 퇴치를 위해서라도 이제 우리 모두 '언국정'에 대해 생각하고 이야기해야 한다.

언론인으로 살아가기 어려운 세상

"본격적인 정치의 계절을 맞아 하루 전까지만 해도 신문사 편집국장과 논설위원 등으로 일하면서 '정치 중립', '공정 보도'를 부르짖었던 중견 언론인들이 바로 다음 날 대선 주자 캠프로 출근하는 사례가 속출하고 있다. 이들에게는 '폴리페서'처럼 정치politics와 언론인journalist의 의미를 합친 '폴리널리스트'란 이름을 붙일 수도 있겠다."

15년 전 『경향신문』(2007년 7월 6일)에 게재된 「'폴리페서'와 '폴리널리스트'」라는 사설이다. 그 이전에 사용한 사람이 있을 수도 있겠지만, 내가 알기론 '폴리널리스트'란 신조어가 탄생한 최초의 기록이다. 약 보름 후 『한겨레』는 사설을 통해 폴리널리스트를 언론계의 '산업 스파이'라고 부르면서 비난했다.[2]

그럼에도 선거라고 하는 본격적인 정치의 계절만 오면 폴리널리스트가 양산된다는 건 이젠 상식이 되고 말았다. 물론 언론의 비판은 계속 나오고 있다. 『경향신문』은 2022년 1월 19일에도 「현직 앵커들의 대선 캠프 직행, 언

론 신뢰도는 안중에 없나」라는 사설을 통해 폴리널리스트를 비판했다.[3]

그런데 이런 비판은 무력해 보인다. '대선 캠프 직행'이 '대선 캠프 완행'에 비해 더 비판을 받긴 하지만, 언론인 출신 국회의원이 전체 국회의원의 10퍼센트를 넘는 현상이 고착화된 것은 오래되었기 때문이다. 폴리널리스트 현상의 이유에 대해 언론인 개인의 윤리의식을 넘어서 총체적인 접근을 해볼 필요가 있다는 생각이 든다. 다섯 가지 이유를 들 수 있다.

첫째, 한국의 '정치 지상주의' 문화다. 한국인은 정치를 혐오하는 것 같지만 자신이 하는 정치는 죽도록 사랑한다. 둘째, 언론 산업의 불안정성과 미래의 불확실성이다. 이는 디지털 혁명으로 인해 발등에 떨어진 불이 되었다. 셋째, 언론인이라는 직업의 전후후박前厚後薄 문화다. 언론인은 조직의 리더 역을 맡기도 하지만 기본적으론 단독자 모델인지라 나이가 들수록 초라해진다. 넷째, 산학 협동 체제의 부재다. 관련 분야의 대학 교수가 되어 예비 언론인을 양성해내는 출구가 제대로 열려 있지 않다. 언론사들의 시험 성적 위주의 채용 관행으로 인해 대학 쪽에서 실무 교육을 할 필요가 없어서 벌어진 일이다. 다섯째, 언론인에 대한 인신공격으로 인한 자긍심의 박약이다. 특히 정파적 정치 팬덤의 '기레기 타령'으로 인해 최악의 상황에 처해 있다.

이 이유 모두 언론사가 개별적으로 대응하긴 매우 어렵지만, 둘째와 다섯째 이유는 워낙 시급한 것이기에 이에 대해 좀 생각해보자. 『한겨레』 미디어 전략실장 최우성이 2022년 1월 24일 아주 멋진 칼럼을 썼다. 그는 「한겨레가 서비스 기업이 되는 날」이라는 칼럼에서 "좋은 콘텐츠(기사)를 생산하면 독자가 당연히 소비하리라던 종래의 고집"이 여전히 건재한 것에 대해 의문을 표하면서 이렇게 말한다. "지금이야말로 언론사들도 서비스의 관점에서 업의 재정의를 고민해야 할 때가 아닌가 싶습니다. 업무 공정을 재정비하고 당연시했던 조직 구조를 다시 그려야겠죠."

과연 업을 어떤 식으로 재정의할 것인가? 세계 각국의 유명 언론사들이 이런저런 시도를 하고 있긴 하지만, 업을 재정의하는 수준엔 이르지 못하고 있다. 지난 수백 년간 사회 전반에 큰 영향을 미쳤던 언론이라는 제도 자체가 뿌리째 흔들리는 문명사적 문제인 만큼 이렇다 할 아이디어가 쉽게 나오긴 어려울 것이다. 파격적인 아이디어일수록 비웃음을 사기 십상인지라 언론인들 스스로 아이디어 제시에 '자기검열'을 하고 있는지도 모르겠다.

지난 2015년 『경향신문』엔 이런 내용의 칼럼이 실렸다. "검색 만능 시대다. 생각하고 사유하지 않아도 되는 세상이다. 무엇이든 인터넷 검색 포털에 물어보면 즉시 답이 나온다. 컴퓨터와 스마트폰만 있으면 이 세상 모든 지식과 정보를 다 가르쳐준다."⁴ 당시 많은 언론이 '검색 만능 시대'를 외쳤지만, 나는 이 말을 믿지 않는다. 단순한 정보나 지식의 경우엔 맞는 말이지만, 조금만 난이도가 올라가면 검색을 통해 알 수 없는 게 너무 많기 때문이다.

나는 취재가 필요한 '고급 검색' 서비스의 비교 우위를 갖고 있는 언론이 새로운 정보 지식산업으로 다시 태어나야 한다고 생각한다. 수익 모델 가능성은 거시적으론 '오락 코드' 중심의 한국 IT 문화가 얼마만큼 '지식 코드'로 이동하느냐에 달린 문제이지만, 미시적으론 언론사가 '고급 검색'의 수요를 스스로 창출해내는 역량이 중요하다. 나는 이런 수준의 원론에만 머무르고 있을 뿐 구체적인 방안에 대해선 '순진한 생각'이라는 비아냥을 들을까봐 염려되어 자기검열에 발이 묶인 지 오래다.

이럴 땐 역으로 생각해보는 게 좋다. 언론이 현재 유지하고 있는 제도와 관행 중 이상한 건 없는가? 출입처 제도는 어떤가? 그건 충분한 이유가 있는 것일지라도, 그렇다고 생각하는 믿음이 업의 변경을 완강히 가로막고 있지는 않은가? 똑같은 '받아쓰기' 기사일지라도 언론사마다 다소의 차이가 있고, 기자가 열심히 뛰면 뒷이야기를 더 내보낼 수도 있다. 그런데 단지 그 정도뿐이다. 언론사들이 여러 유형의 협업 체제를 구축해 출입처 기사를 공유하면서 그 덕분에 확보된 인력을 다른 업의 창출을 위한 노력에 돌리는 경쟁을 하면 무슨 큰일이라도 나는가?

언론이 알아서 잘하기 바란다. 내가 더 큰 관심을 갖고 있는 건 다섯째 이유다. 정치 팬덤의 기레기 인신공격으로 우울증을 앓는 기자가 많아지고 있으며, 급기야 다른 직업을 택하는 기자도 늘고 있기 때문이다. 『경향신문』을 비롯한 일부 언론사들이 기자 보호 대책을 도입하고 있긴 하지만,[5] 이를 지면을 통해 공론화하려는 시도는 없다.

영국 언론인 제임스 볼의 『개소리는 어떻게 세상을 정복했는가』(2017)라는 책을 읽다가 '개소리에 맞서는 현명한 방법'이라는 대목에 눈길이 갔다. 그는 "기자들의 내부 사정을 설명하자"고 제안한다. 예컨대, 보도팀과 논설팀은 별개로 움직이기 때문에 보도와 논설의 일관성 문제를 제기하며 비난하는 독자들에게 오히려 서로 다른 게 좋을 수 있다는 걸 이해시키려는 노력이 필요하다는 것이다.[6]

한국에서 집단적으로 벌어지고 있는 '기자 모욕'은 그런 수준의 대응 방법으론 넘어서기 어려운 것이긴 하지만, 생각해볼 점은 있다. 언론은 내부 이야기를 잘 하지 않으려고 한다. 그런 점에서 『한겨레』 기자들이 연재하고 있는 「말 기는 한겨레」와 「슬기로운 기자생활」 칼럼이 인상적이나. 앞서 소개한 「한겨레가 서비스 기업이 되는 날」이라는 칼럼도 그런 마당이 주어졌기에 나올 수 있었던 것이다.

내부의 어려움을 독자들에게 알리지 않으려는 언론의 의연함은 옛날 같으면 칭찬받을 수 있는 것이겠다. 하지만 '쌍방향성의 오·남용'이 왕성하게 일어날 정도로 쌍방향성이 기본 문법이 된 오늘날엔 잘하는 일이라고 박수를 쳐주긴 어렵다.

미국 언론인 헬렌 토머스는 저널리즘에 대해 묻는 젊은이들에게 "당신이 만일 사랑받는 존재가 되고 싶거든 기자 직종에 끼어들지 말라"는 말을 해주고 싶다고 했다.[7] 하지만 오늘날 한국의 기자들이 원하는 건 사랑이 아니다. 일부 독자들이 자신의 정파성에 조금이라도 어긋날 경우 퍼부어대는 증오와 혐오의 배설 공격을 받고 싶지 않은 최소한의 자존감이다.

나는 어느 언론사에서건 댓글 등을 통해 걸핏하면 기자에 대한 욕설과 함께 '절독' 위협을 하는 독자 몇 사람을 초청해 그들의 익명을 보장해주면서 좌담회를 갖고 그 내용을 소개하는 기사라도 하나 나오길 기대했다. 그러나 언론은 그런 정면 대응을 하지 않았다.

'절독' 위협의 논거들은 쌍방향 대화에 의해 다 부서질 수밖에 없을 정도로 무리한 것이었다. 그냥 재미 삼아 해본 위협이라면 할 말은 없지만, 그런 재미 추구가 집단적으로 이루어지면서 언론계를 떠나는 기자가 늘고 있다는 걸 심각하게 생각해줄 걸 요청하고 싶다.

최악의 여건에서도 묵묵히 자신의 소임을 다하는 기자들에게 폴리널리스트 현상은 또 한 번 그들의 힘을 빼는 비극이겠지만, 나를 포함한 독자들도 사회제도로서의 언론에 대해선 너무 무신경했던 건 아닌지 돌아볼 필요가 있다. 언론을 비난하면 찬사를 받지만, 언론을 조금이라도 옹호하거나 변호해주면 욕을 먹는다. 내가 여러 차례 직접 겪은 경험이다. 왜 이렇게까지 되었는지, 언론도 뼈아프게 성찰하면서 언론 스스로 할 수 있는 신뢰 회복을 위한 노력을 다해주길 바라마지 않는다.

놀라울 정도로 좁은 엘리트 계급의 세계

2021년 3월 2일 참여연대와 민주사회를 위한 변호사모임(민변)의 기자회견 이후 '수도권 3기 신도시 땅 투기 의혹'이 일파만파로 번져나갔다. 직업병 탓일까? 나는 이 사건의 추이를 지켜보면서 내내 "그간 언론은 뭘 했지?"라는 의문을 떨치기 어려웠다. 이 의문은 "언론의 기존 취재 시스템과 관행, 이대로 좋은가?"라는 의문으로 발전했다.

참여연대와 민변은 투기 의혹에 대한 제보를 받아 조사를 벌였다고 했는데, 왜 제보가 좀더 일찍 언론으로 가지 않았을까? 신뢰를 잃었기 때문일까? 평소 언론의 전체 기사 가운데 제보에 의한 기사의 양은 얼마나 될까? 언론은 주로 정부와 정치권의 발표를 받아쓰면서 각자의 색깔에 따라 윤색을 하는 수준에 머무른다고 해서 '발표 저널리즘'이란 말까지 나왔다.[8] 그간 언론 개혁의 일환으로 기자단의 폐쇄성 문제가 활발히 거론되어왔지만, 이는 중요한 문제일망정 '받아쓰기의 공정성'을 따지는 수준의 개혁은 아닐까?

언론은 평소 민생을 외친다. 그럼에도 왜 민생의 현장은 멀리하면서 정부와 정치권에 목숨을 걸 듯이 집중하는 걸까? 물론 우리는 그 이유를 모르진 않는다. 정부와 정치권에서 중요한 뉴스가 많이 나오는데다 비교적 저렴한 취재 비용으로 뉴스를 양산해낼 수 있기 때문일 게다. 말이 좋아 민생이지 민생의 현장을 취재의 대상으로 삼기는 매우 어렵다. 이렇다 할 뉴스거리를 찾아내기도 어려울 뿐만 아니라 취재 비용이 너무 많이 들어 수지 타산이 맞질 않는다.

디지털 시대의 독자들이 그런 민생 뉴스를 별로 반기지 않는다는 것도 문제다. '신도시 땅 투기 의혹'처럼 독자들의 피를 끓게 만들 정도의 분노와 뜨거운 관심을 유발할 수 있는 뉴스는 예외적인 것으로 보는 게 옳다. 평소 기사에 달린 댓글들을 유심히 살펴보는 사람들은 잘 아실 게다. 정치인이나 유명인사가 누군가를 향해 독하고 자극적인 비난을 퍼부었다고 알리는 기사엔 댓글이 많이 달린다. 반면 각 개인의 삶에 영향을 미치는 중요한 의미를 갖고 있음에도 직접적인 이해관계 당사자가 없는 민생 관련 기사에 댓글이 달리는 경우는 거의 없다.

그래서 어쩌자는 건가? 나는 언론이 제보의 이미외 가치를 재평가해주기를 바란다. 누구나 한 번쯤 경험해보았겠지만, 우리는 사석에서 명백한 비리이거나 비리에 가까운 일들이 사회 각 분야에서 저질러지고 있다는 말을 자주 듣는다. 물론 그걸 직접 목격한 사람의 증언이거나 간접적으로 전해들은 말이다. 우리는 별로 놀라지 않는다. "세상이 다 그런 거지 뭐"라는 식으로 달관한 듯한 자세를 취한다. 괜히 놀라움을 표현했다간 세상 물정 모르는 순진한 사람이라는 핀잔을 듣기 마련이다.

그런 증언을 한 번이라도 들어본 사람이라면 잘 알겠지만, 대부분 뉴스 가치가 없거나 약하다. 언론에 제보해보아야 비웃음만 사기 십상이다. 뉴스 가치가 좀 있다고 생각해도 제보하기는 어렵다. 인간관계 등의 개인적인 문제도 있는데다 한국은 '공익 제보자'를 탄압하는 사회가 아닌가? 정치권부터 자신들에게 유리할 땐 공익 제보자를 영웅으로 치켜세우다가도 자신들에게 불리할 땐 공익 제보자를 천하의 몹쓸 사람으로 만들고 있으니, 누가 감히 나설 생각을 하겠는가?

언론이 제보의 의미와 가치를 재평가해야 한다는 건 '발표 저널리즘' 체질의 연장선상에서 곧장 뉴스가 될 수 있는 제보가 아니면 무시해버리는 기존 관행을 뒤엎어야 한다는 뜻이다. 작고 사소해 보이는 제보를 환영하고 유도하면서 취재의 출발점으로 삼아야 한다. 무턱대고 민생 현장을 탐사하는 것보다는 취재 비용을 크게 줄일 수 있지 않은가?

1970년대 중반 미국 사회학자 마크 그래노베터는 대부분 사람들이 친한 친구가 아닌 '느슨한 관계'로 맺어진 아는 사람을 통해 취업한다는 경험적 증거를 제시했다. 이유는 간단하다. 친한 친구와 지인들은 동질적인데다 행동반경이 비슷한 반면, 약한 인연을 가진 사람들은 다양성이 두드러져 다른 행동반경에서 생활하기 때문이다.⁹ 같은 이치로 기자들 스스로 자신이 주로 노는 물의 영향도 의심해보아야 한다. 자신이 주로 만나는 사람들은 누구인가?

전반적으로 한국의 엘리트 계급은 각종 연고를 중심으로 끼리끼리만 어울린다. 이들의 세계는 놀라울 정도로 좁다. 이들이 민생에 무관심한 이유도 바로 여기에 있다. 평소에 자신과는 다른 이질적인 사람들을 만나지 않고선 민생을 알기 어려운 건 물론이고 민생을 주요 의제로 생각하는 것조차 어려워진다. 기자들은 그렇지 않다고 자신할 수 있을까? 민생의 현장을 뉴스의 화수분으로 여기는 '제보 저널리즘'의 시대가 열리긴 기대한다.

"댓글 쓰레기는 절대 읽지 말아요!"

어느 정치평론가가 누리꾼들의 악성 이메일과 댓글에 시달리고 있었다. 자신이 출연하는 방송사의 한 간부에게 그로 인한 고통을 호소하면서 인간에 대한 신뢰까지 흔들릴 지경이라고 털어놓았다. 그 간부는 이런 조언을 해주었다고 한다. "설마 그런 쓰레기를 다 읽어보는 건 아니겠죠, 그렇죠? 절대 읽지 말아요! 그런 사람들은 정신 나간 밑바닥 인생들이에요. 그들이 우리 뉴스의 시청자들이니 누구보다 내가 잘 알지요."[10]

그러나 이 정치평론가는 자신에게 비열하고 악랄한 공격을 퍼붓는 이유가 무엇인지 알고 싶어 전문 기술자들의 도움을 받아 가장 지독한 유형의 누리꾼들과 전화 통화를 해보기로 했다. 그는 "통화를 하면서 내게 예의를 갖춰 얘기하고 친절하기까지 한 그들을 접했을 때 내가 얼마나 놀랐을지 상상해보라"며 "한때 내가 머리부터 발끝까지 철저하게 잔인하다고 생각했던 사람, 끔찍한 괴물이라고 생각했던 사람이 실은 자상하고 친절하며 좋은 아빠이

자 친구라는 사실을 깨달았다"고 말했다.[11]

미국 정치평론가 샐리 콘의 『왜 반대편을 증오하는 가』(2018)라는 책에 나온 이야기를 소개한 것이지만, 한국의 사정도 크게 다르지 않을 것이다. 한국에도 욕설 문자를 보내는 사람들과 소통을 시도하는 국회의원들이 있다. 소신 발언으로 유명한 전 민주당 의원 금태섭과 민주당 의원 이상민이 그런 소통파의 대표적인 인물이다.

늦은 밤이나 새벽에 악성 문자를 받기도 했다는 금태섭은 "항상 그런 것은 아니지만 나의 경우엔 가끔 매우 정중하게 답변을 하면 거의 모든 경우에 어조가 부드러워지고 서로 대화가 가능해진다"며 "아마도 그런 답변을 받으면 상대방도 자기와 마찬가지로 가족도 있고, 출퇴근도 하고, 밤에는 잠도 자는 '사람'이라는 느낌을 가지게 되는 것 같다"고 했다.[12]

소신 발언을 할 때마다 욕설 등이 포함된 휴대전화 문자 메시지 3,000여 개와 200여 통의 전화를 받는다는 이상민은 문자 메시지를 보낸 사람들에게 일일이 전화를 건다고 한다. 그는 "상대방이 전화를 받지 않을 때가 많지만, 통화가 되면 '왜 그러냐'고 묻기도 하고 특정 이슈에 대한 의견을 나누기도 한다"며 "이런 식으로 10명과 통화를 했을 때 1~2명과 공감대를 형성해도 큰 성과"라고 했다. 또 "대화하면서 몰랐던 것을 알기도 한다"고 했다.[13]

"국회의원이 국민과 소통을 시도하는 것은 당연한 일"이라는 이상민의 말이 인상적이라고 느끼면서 "언론은?"이라는 의문이 들었다. 신문은 기사에 댓글을 다는 독자들과의 소통은 시도하고 있을까? 우리 신문들은 댓글을 주로 사건 취재의 틀로만 보고 있는 건 아닐까? 뉴스 가치가 있는 사건이나 발언에 대해 누리꾼들의 생각은 이렇다는 걸 알리는 보조적인 용도로 사용하는 것 외에 어떤 의미를 부여하고 있느냐는 것이다.

자신의 정파성에 맞는 정보만 소비함으로써 소통의 벽을 만드는 현상을 가리켜 '필터 버블filter bubble'이라고 한다. '가두리'로 부르기로 하자. 날이 갈수록 신문은 '가두리 양식장'을 닮아가고 있다. 다양성을 멀리하고 획일성이 두드러진다. 이념의 다양성만을 말하는 게 아니다. 특정 이념을 실천하는 방법론의 다양성마저 인정할 수 없다는 분위기가 팽배해 있다. 자신의 마음에 안 드는 기사에 대해 걸핏하면 '기레기'라고 욕하거나 '절독'을 외치며 위협하는 누리꾼들의 압력은 그런 경향을 심화시키고 있다.

익명의 공간에서 활약하는 그런 독자들을 대화의 공간으로 초청하는 건 어떤가? 신문들마다 상시적으로 누리꾼들의 대화 마당을 열어주고 이를 기사화하는 '댓글 저널리즘'의 가능성을 모색해보자는 것이다. 무슨 결론을 내보자는 게 아니다. 각자 생각이 다른 누리꾼들이 서로 얼굴을 보면서 의견을 나눠보는 것만으로도 의미와 재미가 있지 않을까? 물론 참석자들의 익명은 여전히 보장해주더라도 자신의 반대편에 있는 사람이 자기 못지않게 선량한 시민이라는 걸 확인할 수 있는 기회를 가져보는 것만으로도 의미가 있을 게다.

가끔 기사에 대한 중요한 문제 제기가 담긴 댓글도 있지만, 이에 대한 답은 없다. 댓글란이 "그저 적당히 배설하고 너무 귀찮게만 하지 말라"는 뜻으로 제공된 게 아니라면, 댓글 전담 기자를 두어 상시적인 소통을 하면서 그걸 기사화해야 하는 게 아닐까? 이런 과정을 통해 댓글의 질과 수준도 높아질 수 있고, 평소 언론이 외쳐대는 쌍방향 소통도 실현할 수 있는 게 아닐까? 댓글을 잠재력이 매우 큰 '저널리즘 자원'으로 바라보는 인식의 전환이 필요하다. 국회의원뿐만 아니라 언론인이 독자와 소통을 시도하는 것은 당연한 일이기 때문이다.

"나쁜 것은 좋은 것보다 더 강하다"

포털사이트에서 '네거티브'를 검색해보면 거의 대부분 정치 뉴스다. 네거티브를 자제해야 한다거나 금도를 지켜야 한다는 요청이 기사 제목으로 끊임없이 등장한다. 네거티브를 긍정적으로 말하는 사람은 없지만, 선거는 사실상 경쟁자들을 공격하는 '네거티브 게임'이라는 걸 모르거나 인정하지 않는 사람은 없다.

　뭔가 좀 이상하지 않은가? 왜 우리는 지킬 수도 없고 지켜져 본 적도 없는 걸 끊임없이 요구하는 걸까? 미국 심리학자 드루 웨스턴은 그런 현실이 영 못마땅했나 보다. 그는 『감성의 정치학』이란 책에서 네거티브 선거운동에 대한 세 가지 오해를 지적한다. 첫째, 선거운동이 혼탁해져 간다. 둘째, 투표율을 떨어뜨린다. 셋째, 네거티브 선거운동은 비윤리적이고, 비효율적이며, 상대방이 네거티브로 나오면 무시해야 한다.

사실 우리는 그런 이야기를 당연하다는 듯 자주 하지만, 웨스턴은 "이 세 가지 모두 우리가 아는 인간의 정서나 사고와 배치된다. 현대 미국의 선거 역사보다 더 훌륭한 증거는 없다"며 자세한 증거들을 제시한다.[14] 미국만 그렇겠는가? 한국의 선거 역사를 보더라도 네거티브가 기승을 부리지 않은 선거는 전무했다고 해도 과언이 아니다.

네거티브 선거 캠페인이 기승을 부리는 이유는 간단히다. "나쁜 것은 좋은 것보다 더 강하다"는 이른바 '부정성 편향' 때문이다. 진화론적 관점에서 보면, 우리 인간은 원시 시대부터 부정적 신호에 더 빠르게 반응할수록 맹수나 적敵의 위험을 벗어나 살아남을 확률이 높았다. 오늘날에도 다를 게 없다. 위험의 성격만 달라졌을 뿐, 자신에게 언제건 닥칠 수 있는 부정적인 일에 촉각을 곤두세우는 게 생존과 성공에 유리하다는 건 두말할 나위가 없다. 오랜 세

월 지속되어온 이런 삶의 문법으로 인해 '부정성 편향'은 우리의 DNA가 되고 말았다.[15]

미디어는 그런 '부정성 편향'을 존재 근거로 삼는다. 미디어의 첫 번째 사명은 환경 감시라는 명분을 내세워 늘 부정적인 뉴스를 내보낸다. 뉴스는 곧 '나쁜 뉴스'를 의미하는 것이다. '나쁜 뉴스' 중에서도 가장 잘 팔리는 뉴스는 공포, 증오, 혐오를 불러일으킬 수 있는 것이다. 미국 언론이 도널드 트럼프 시대를 그리워한다는 건 결코 농담이 아니다. 공포, 증오, 혐오의 감정이 고조되었던 트럼프의 대통령 재임 시절이 뉴스의 전성기였기 때문이다.[16]

뉴스의 '부정성 편향'은 정치의 행동 양식마저 지배한다. 국회의원 A는 소셜미디어를 통해 주로 민생과 관련된 참신한 제안들을 하고, 국회의원 B는 소셜미디어를 통해 정치적으로 반대편에 속한 정당이나 개인을 공격하는 독설을 양산해낸다고 가정해보자. 언론은 누구를 더 사랑할까? 당연히 B다. B의 독설은 거의 매일 뉴스의 형식으로 보도된다. 반면 A의 제안은 뉴스로 다루어질 가능성이 희박하다. 의원들은 누구를 롤 모델로 삼을까? 당연히 B다.

그래서 우리의 정치 뉴스는 대부분 누가 누구를 비판(비난) 했다는 식으로 이루어진다.

언론 수용자들 역시 그런 환경에서 성장해온 탓인지 댓글을 달더라도 부정적인 댓글을 선호한다. 누가 무슨 주장을 했는지 그 내용엔 별 관심이 없다. 누구냐가 중요하다. 우리 편이 아니라고 생각되면 무조건 인신공격으로 나아간다. 부정적인 댓글의 대부분이 메시지보다는 메신저 공격으로 일관하고 있다. "사람이 먼저다"는 휴머니즘 철학이 이상한 방향으로 구현된 것으로 볼 수 있겠다.

우리 주변엔 공익과 대의를 위해 정치에 참여하고 헌신하는 훌륭한 분이 많다. 이념이나 정파성은 묻지 말자. 참여와 헌신은 그 자체로 민주주의 발전에 기여하는 것이니까 말이다. 그런데 이들을 움직이는 동력은 '우리 모두'를 위한 화합 지향적인 것이라기보다는 생각이 다른 사람이나 세력을 향한 공포·증오·혐오에 기반한 갈등 지향적인 것일 때가 많다. 부족사회 시절에 적대적 부족에 속하는 사람들을 두려워하고 증오하고 혐오하는 게 자기 부족을 지키고 번영을 이룰 수 있는 조건이었던 것처럼 말이다.

나는 우리 모두 그렇게 살지 말자는 말을 하려는 건 아니다. 그건 네거티브 자제를 요청하는 것처럼 부질없는 일이라는 걸 잘 알기 때문이다. 다만 언론에 제안하고 싶다. 네거티브가 잘 팔리는 현실에서 네거티브를 자제하자는 말은 하지 않으련다. 현실적인 타협책으로, '네거티브 총량제'는 어떤가? 네거티브 위주로 가더라도 각자 나름의 기준에 따라 총량의 상한선을 두고 좀 다른 이야기도 같이 해보자는 것이다. 언론은 이미 그렇게 하고 있다고 주장하고 싶겠지만, 네거티브 양을 조금만 더 줄여보자는 것이다. 적어도 일부나마 정치인들이 다른 행동 양식에 눈을 돌릴 수 있게끔 '숨 쉴 틈'이라도 좀 달라는 것이다. 이마저 안 되겠는가?

머리말 '선택적 과잉 공감'의 비극

1 폴 블룸(Paul Bloom), 이은진 옮김, 『공감의 배신: 아직도 공감이 선하다고 믿는 당신에게』(시공사, 2016/2019), 13, 24~25쪽.

2 조지 레이코프(George Lakoff), 나익주 옮김, 『폴리티컬 마인드: 21세기 정치는 왜 이성과 합리성으로 이해할 수 없을까?』(한울아카데미, 2008/2012), 153, 158쪽.

3 프리츠 브라이트하우프트(Fritz Breithaupt), 두행숙 옮김, 『나도 그렇게 생각한다: 공감의 두 얼굴』(소소의책, 2017/2019), 7, 23쪽.

4 장대익, 『공감의 반경: 느낌의 공동체에서 사고의 공동체로』(바다출판사, 2022), 5쪽.

5 장대익, 『공감의 반경: 느낌의 공동체에서 사고의 공동체로』(바다출판사, 2022), 11~12쪽.

6 장대익, 『공감의 반경: 느낌의 공동체에서 사고의 공동체로』(바다출판사, 2022), 13~14쪽.

제1장 마주 보며 달리는 기차는 세워야 한다

1 유정민의 글은 내가 2022년 11월 14일 『한겨레』에 기고한 「'선택적 과잉 공감'의 비극」이라는 글에 대한 반론이었다. 「'선택적 과잉 공감'의 비극」은 좀 손을 보긴 했지만, 앞의 '머리말'에 실은 글이다.

2   하워드 진(Howard Zinn), 유강은 옮김, 『달리는 기차 위에 중립은
     없다: 하워드 진의 자전적 역사 에세이』(이후, 1994/2002).
3   비키 쿤켈(Vicki Kunkel), 박혜원 옮김, 『본능의 경제학: 본능 속에
     숨겨진 인간 행동과 경제학의 비밀』(사이, 2009), 85~86쪽.
4   리 매킨타이어(Lee McIntyre), 노윤기 옮김, 『지구가 평평하다고 믿
     는 사람과 즐겁고 생산적인 대화를 나누는 법』(위즈덤하우스, 2021
     /2022), 125쪽.
5   키스 스타노비치(Keith E. Stanovich), 김홍욱 옮김, 『우리 편 편향:
     신념은 어떻게 편향이 되는가?』(바다출판사, 2021/2022), 238~
     239쪽.
6   신병철, 「[DBR 경영 지혜] 좋은 제품이라면…먼저 써보게 하고 기
     다려라」, 『동아일보』, 2013년 2월 8일; 피트 런(Pete Lunn), 전소
     영 옮김, 『경제학이 숨겨온 6가지 거짓말: 인간의 마음을 보지 못
     한 경제학의 오류』(흐름출판, 2008/2009), 83~84쪽; 강준만, 「왜
     기업들은 '무조건 100퍼센트 환불 보장'을 외치는가?: 소유 효과」,
     『감정 독재: 세상을 꿰뚫는 50가지 이론』(인물과사상사, 2013),
     83~88쪽 참고.
7   로버트 앨런(Robert G. Allern), 김주영 옮김, 『성공하는 사람들의
     좋은 습관』(백만문화사, 2009), 62~63쪽.
8   허버트 알철(J. Herbert Altschull), 양승목 옮김, 『현대언론사상사:
     밀턴에서 맥루한까지』(나남, 1990/1993), 319~320쪽.
9   테렌스 볼(Terence Ball)·리처드 대거(Richard Dagger), 정승현
     외 옮김, 『현대 정치사상의 파노라마: 민주주의의 이상과 정치 이
     념』(아카넷, 2004/2006), 367~368쪽.
10   하워드 진(Howard Zinn), 이아정 옮김, 『오만한 제국: 미국의 이데
     올로기로부터 독립』(당대, 1991/2001), 74쪽.
11   마셜 로젠버그(Marshall B. Rosenberg), 캐서린 한 옮김, 『비폭
     력 대화: 일상에서 쓰는 평화의 언어, 삶의 언어』(한국NVC센터,
     1999/2013), 46쪽.
12   필립 슈트(Philip Short), 양현수 옮김, 『마오쩌둥: 혁명을 향한 대장
     정 1』(교양인, 1999/2019), 55~56쪽.

13 박지환,「문 대통령 "공직자는 국민과 함께 깨어 있는 존재"」,『CBS 노컷뉴스』, 2017년 8월 22일.

14 이현상,「'공무원 영혼 지킴이 법' 실종 사건」,『중앙일보』, 2020년 11월 6일, 34면.

15 이동현·조소진,「김종인, 서해 피격 "김정은 친서로 덮으려…정권 무덤 파는 자해행위"」,『한국일보』, 2020년 9월 26일.

16 맥스웰 몰츠(Maxwell Maltz), 공병호 외 옮김,『맥스웰 몰츠 성공의 법칙』(비즈니스북스, 2002/2010), 74쪽.

17 로버트 그린(Robert Greene), 이수경 옮김,『마스터리의 법칙: 내 안에 숨겨진 최대치의 힘을 찾는 법』(살림비즈, 2012/2013), 359쪽; 로버트 루트번스타인(Robert Root-Bernstein)·미셸 루트번스타인(Michèle Root-Bernstein), 박종성 옮김,『생각의 탄생』(에코의서재, 1999/2007), 30쪽.

18 리처드 오글(Richard Ogle), 손정숙 옮김,『스마트 월드: 세상을 놀라게 한 창조성의 9가지 법칙』(리더스북, 2007/2008), 132~133쪽.

19 로버트 루트번스타인(Robert Root-Bernstein)·미셸 루트번스타인(Michèle Root-Bernstein), 박종성 옮김,『생각의 탄생』(에코의서재, 1999/2007), 46쪽; 제임스 보그(James Borg), 정향 옮김,『마음의 힘: 생각이 습관을 바꾸는 마인드 파워 트레이닝』(한스미디어, 2010/2011), 323쪽; 임귀열,「Imagination will take you everywhere(상상의 날개)」,『한국일보』, 2011년 10월 4일.

20 알렉스 오스본(Alex Faickney Osbor), 이상훈 옮김,『나보다 잘되는 놈의 비밀』(책빛, 2008), 14쪽.

21 롤프 도벨리(Rolf Dobelli), 유영미 옮김,『불행 피하기 기술: 영리하게 인생을 움지이는 52가지 비밀』(인플루엔셜, 2017/2018), 230쪽.

22 시오노 나나미, 오정환 옮김,『마키아벨리 어록』(한길사, 1996), 89쪽.

23 솔 알린스키(Saul D. Alinsky), 박순성·박지우 옮김,『급진주의자를 위한 규칙: 현실적 급진주의자를 위한 실천적 입문서』(아르케, 1971/2008), 127~128쪽.

24 헬렌 피셔(Helen E. Fisher), 정명진 옮김,『제1의 성』(생각의나무, 1999/2000), 54쪽.

25 댄 가드너(Dan Gardner), 이경식 옮김, 『앨빈 토플러와 작별하라』 (생각연구소, 2010/2011), 193~194쪽.

26 대니얼 코언(Daniel Cohen), 주명철 옮김, 『부유해진 세계 가난해진 사람들』(시유시, 1997/2000), 10쪽.

27 가야트리 스피박·장필화, 「'탈식민주의와 페미니즘' 대담」, 『조선일보』, 2004년 10월 18일, A23면.

28 레베카 코스타(Rebecca Costa), 장세현 옮김, 『지금, 경계선에서: 오래된 믿음에 대한 낯선 성찰』(쌤앤파커스, 2010/2011), 105쪽.

29 폴 로버츠(Paul Roberts), 김선영 옮김, 『근시사회: 내일을 팔아 오늘을 사는 충동인류의 미래』(민음사, 2014/2016), 174쪽.

30 James Surowiecki, 『The Wisdom of Crowds』(New York: Anchor Books, 2004), p.31; 제임스 서로위키(James Surowiecki), 홍대운·이창근 옮김, 『대중의 지혜: 시장과 사회를 움직이는 힘』(랜덤하우스중앙, 2005), 64쪽.

31 벤 대트너(Ben Dattner)·대런 달(Darren Dahl), 홍경탁 옮김, 『비난 게임: 조직의 성공과 실패를 결정짓는 보이지 않는 힘』(북카라반, 2011/2015), 139쪽.

32 양권모, 「오로지 '윤석열'이 기준인 내각 인선」, 『경향신문』, 2022년 4월 27일.

33 이졸데 카림(Isolde Charim), 이승희 옮김, 『나와 타자들: 우리는 어떻게 타자를 혐오하면서 변화를 거부하는가』(민음사, 2018/2019), 42쪽.

34 피터 우드(Peter Wood), 김진석 옮김, 『다양성: 오해와 편견의 역사』(해바라기, 2003/2005), 72쪽.

35 조너선 하이트(Jonathan Haidt), 권오열 옮김, 『행복의 가설』(물푸레, 2006/2010), 308~309쪽.

36 Charles Conrad, 『Strategic Organizational Communication: Cultures, Situations, and Adaptation』(New York: Holt,Rinehart and Winston, 1985), pp.195~199.

37 폴 로버츠(Paul Roberts), 김선영 옮김, 『근시사회: 내일을 팔아 오늘을 사는 충동인류의 미래』(민음사, 2014/2016), 173쪽.

제2장　정치인의 언어와 화법

1　김명일, 「野 "尹 49재 참석했어야"…與 "이재명은 부하 발인 날 춤"」, 『조선일보』, 2022년 12월 18일; 박지혜, 「"尹, 이태원 참사 삼년상이라도?"…與, '49재 불참' 비판 맞받아」, 『이데일리』, 2022년 12월 18일.

2　Henry F. Graff, 「Presidents Are Not Pastors」, 『New York Times』, May 27, 1987, p.21.

3　표태준·류재민, 「세월호 아픔 겪고도 해상 사고 2배로 늘어」, 『조선일보』, 2022년 11월 4일.

4　김한솔, 「시민 절반 이상이 답했다…"이 참사, 이상민 장관 물러나야"」, 『경향신문』, 2022년 11월 9일.

5　토머스 칼라일이 『영웅과 영웅 숭배(On Heroes and Hero-Worship)』(1840)에서 한 말로, 이런 침묵을 가리켜 '능변적 침묵(eloquent silence)'이라고 한다. Christine Ammer, 『The Facts on File Dictionary of Clichés』(New York: Checkmark Books, 2001), pp.113~114.

6　토머스 칼라일(Thomas Carlyle), 박상익 옮김, 『영웅의 역사』(소나무, 1966/1997), 285쪽.

7　찰스 다윈(Charles Darwin), 이한중 옮김, 『나의 삶은 서서히 진화해왔다: 찰스 다윈 자서전』(갈라파고스, 1887/2003), 127쪽.

8　마틴 J. 개논(Martin J. Gannon), 최윤희 외 옮김, 『세계문화 이해』(커뮤니케이션북스, 2002), 297, 309쪽.

9　피터 콜릿(Peter Collett), 이윤식 옮김, 『습관을 알면 문화가 보인다』(청림출판, 1997), 72쪽.

10　성지원, 「尹 "UAE 적은 이란"…野 "함께 전쟁이라도 치르겠단 건가"」, 『중앙일보』, 2023년 1월 17일.

11　이보람, 「"김건희 군복, 폼 내려는 것 아니다" 탁현민이 옹호한 이유」, 『중앙일보』, 2023년 1월 18일.

12　강준만, 「왜 자기 자신을 치밀하게 관찰하는 능력이 필요한가?: 메타인지」, 『감정 동물: 세상을 꿰뚫는 이론 6』(인물과사상사, 2017),

327~334쪽 참고.

13   최병천, 「불평등, 이재명, 기초연금」, 『경향신문』, 2022년 9월 27일.

14   버트런드 러셀(Bertrand Russell), 송은경 옮김, 『인간과 그밖의 것
      들』(오늘의책, 1975/2005), 79쪽.

15   이건희, 『이건희 에세이: 생각 좀 하며 세상을 보자』(동아일보사,
      1997), 285쪽.

16   금태섭은 이어 "당의 공식 반응도 마찬가지였다"며 다음과 같이 말
      했다. "이재정 대변인은 유죄판결을 한 재판장에 대해 '(박근혜 정
      부에서 임명된) 양승태 사법부의 비서실 판사이던, 그 재판장의 공
      정성을 의심하는 시선'이라는 언급을 해서 판사 개인에 대한 공격의
      물꼬를 텄다. 홍익표 수석 대변인 역시 '사법 농단 세력의 사실상 보
      복성 재판'이라며 '인적 청산과 잘못된 사법 거래 관행, 사법부의 범
      죄에 가까운 행위에 대한 제도적 개선이 수반돼야 한다'고 말했다.
      홍영표 원내대표 발언은 수위가 한 단계 더 높았다. '사법부 요직을
      장악하고 있는 양승태 적폐 사단이 조직적 저항을 벌였다'면서 '국
      민의 힘(집권 여당 국민의힘이 아니다)으로 제압될 것'이라고 경고
      했다. 사법부의 판결을 '제압'할 수 있다고 언급한 것이다. 나는 바로
      이 지점이 민주당의 당내 민주주의가 무너지기 시작한 첫 번째 단계
      라고 본다. 사법부 독립을 지키고 법원 판단을 존중하는 건 가장 기
      본적인 민주주의 원칙 중 하나다. 그런 원칙을 정치적 이해관계에
      따라 앞다퉈 짓밟으면서 합리적인 목소리가 나올 수 있는 공간을 막
      았으니 하는 얘기다." 금태섭, 「"대표가 저녁 사 줬는데"라며 입 막
      던 민주당, 국민의힘도 똑같다」, 『중앙일보』, 2022년 9월 28일.

17   이해찬, 『이해찬 회고록: 꿈이 모여 역사가 되다』(돌베개, 2022),
      546~547쪽.

18   홍영선, 「한동훈 "내가 카르텔 중심? 진짜는 운동권"…이해찬에 응
      수」, 『CBS노컷뉴스』, 2022년 9월 22일.

19   박민식, 「이석현 "대선 패배가 한동훈 때문? 이해찬 발언 때마다 철
      렁"」, 『한국일보』, 2022년 9월 25일.

20   박정호, 「이해찬 "기울어진 운동장? 아니 벼랑 끝, 될 때까지 해야"」,
      『오마이뉴스』, 2022년 10월 17일; 권세진, 「이해찬, 야당 저격임

총출동한 출판기념회에서 '이재명 띄우기'」, 『월간조선』, 2022년
10월 18일.

21   조지 오웰(George Orwell), 이한중 옮김, 『나는 왜 쓰는가: 조지 오
웰 에세이』(한겨레출판, 2010), 270~271쪽.

22   이기문, 「삶은 소대가리, 미국산 앵무새…北 엘리트 수백 명이 머리
짜낸다」, 『조선일보』, 2021년 4월 5일.

23   노석조, 「안민석, 이재명 비판 전재수 겨냥 "제 식구 잡아먹는 갈치
정치"」, 『조선일보』, 2022년 10월 18일; 김지영, 「안민석, 전재수
겨냥…"제 식구 잡아먹는 '갈치 정치' 그만"」, 『MBN 뉴스』, 2022년
10월 18일.

24   고상민, 「조응천, '이재명에 실망' 전재수 옹호…"할 말 했다"」, 『연
합뉴스』, 2022년 10월 19일.

25   조현호, 「전재수 "부산에서 민주당 간판 달고 멱살 잡혀가며 정치했
는데"」, 『미디어오늘』, 2022년 10월 18일; 정민진, 「'이재명 주식 비
판' 전재수에 "난파선 쥐XX" 문자 테러」, 『TV조선 뉴스9』, 2022년
10월 18일.

26   김경화, 「안민석 '부역자' 발언에…김동연 "뛰어나가기도 바쁜데 발
목 붙잡나"」, 『조선일보』, 2022년 4월 6일; 박진용, 「안민석 "관료
출세욕 집요"…김동연 "포지티브한 경쟁 희망"」, 『서울경제』, 2022년
4월 6일

27   권준영, 「안민석, 우상호 비대위 직격…"'기득권 카르텔' 깨기 위해
육모방망이 필요"」, 『디지털타임스』, 2022년 6월 13일.

28   정진형, 「이재명 자제하라는데…안민석 "문자 폭탄 감수해야"」, 『뉴
시스』, 2022년 6월 9일.

29   박종진, 「국민의힘 "안민석, 가짜뉴스 아이콘…그 자체로 구태 정치
표본"」, 『머니투데이』, 2021년 12월 15일.

30   Murray Edelman, 『The Symbolic Uses of Politics』(Urbana:
University of Illinois Press, 1964), p.45.

31   Murray Edelman, 「The Politics of Persuasion」, 『The American
Assembly』(Columbia University) ed., 『Choosing the President』
(Englewood Cliffs, NJ: Prentice-Hall, 1974), p.150.

32 「[사설] '갑질 국감' '호통 국감' 제발 그만둬라」, 『중앙일보』, 2014년 10월 4일.

33 「[사설] 국정감사, 언제까지 막말과 파행으로 이어갈 건가」, 『조선일보』, 2014년 10월 10일.

34 이지상·김경희, 「"심심할 테니 묻겠다"…26명 불려나와 14명 대기하다 퇴장」, 『중앙일보』, 2014년 10월 29일.

35 김형구·김경희, 「[스톱! 불량 국감] 13시간 기다려 13초 답변…기업인 "질문 않는 의원 더 밉다"」, 『중앙일보』, 2015년 9월 7일.

36 김형구·김경희, 「[스톱! 불량 국감] 왔다가 그냥 간 증인 31명…누가 왜 불렀는지 실명 밝혀야」, 『중앙일보』, 2015년 9월 8일.

37 「[사설] 여야, 국감 증인 신청 실명제 바로 도입하자」, 『중앙일보』, 2015년 9월 11일.

38 「[사설] 최악의 부실 국감 이대로는 안 된다」, 『중앙일보』, 2015년 10월 10일.

39 이현정, 「호통·맹탕·저질…올해도 어김없이 등장한 '국정감사 무용론'」, 『서울신문』, 2021년 10월 12일.

40 현경병, 「무용론 논란 국정감사, 언제까지?」, 『시민일보』, 2022년 10월 5일.

41 양선희, 「국회는 왜 그 많은 기업인을…」, 『중앙일보』, 2014년 10월 8일.

42 금원섭, 「의원 존재감 과시하게 체면 팍팍 세워줘라」, 『조선일보』, 2017년 9월 26일.

43 박지혜, 「한동훈 "첼로 나오는 술집이 어딘지"…'쥴리' 언급하며 격앙」, 『이데일리』, 2022년 10월 25일.

44 하수영, 「"장관직 건다"는 한동훈에…김의겸 "국감장 도박판 만들었다"」, 『중앙일보』, 2022년 10월 25일.

45 구자창, 「진중권 "한동훈, 콜라만 마셔…김의겸 '자살골' 그만"」, 『국민일보』, 2022년 10월 26일.

46 주형식, 「'野 대변인' 김의겸, EU 대사가 하지도 않은 말 지어냈다」, 『조선일보』, 2022년 11월 10일.

47 김은빈, 「박지현 김신의 예기 쫓 치고위원…김의겸 즉시 사퇴시

켜야"」,『중앙일보』, 2022년 11월 29일.

48 권준영, 「정진석, 김의겸 맹폭 "어디서 배운 행패인가, 흑석동 '몰빵'으로 靑 쫓겨났던…"」,『디지털타임스』, 2023년 1월 30일.

49 강준만, 「김의겸, 왜 '피 맛' 운운하며 흥분하는 걸까?」,『좀비 정치』(인물과사상사, 2022), 248~259쪽; 강준만, 「김의겸의 '찌라시 저널리즘'」,『시사저널』, 2022년 10월 11일 참고.

50 「[사설] 부끄러움 모르는 언론계의 '산업 스파이'들」,『한겨레』, 2007년 7월 23일.

51 최승욱·김승연, 「민주당 장경태 "김건희 여사 '빈곤 포르노' 화보 촬영…외교 참사"」,『국민일보』, 2022년 11월 14일.

52 권준영, 「김디모데 목사, 김건희 여사에 막말 "쓰○기 짓…이 작자가 '영부인 놀이' 심취"」,『디지털타임스』, 2022년 11월 14일.

53 Elizabeth Bruenig, 「The left and the right cry out for civility, but maybe that's asking for too much」,『Washington Post』, Oct 17, 2018; 이철민, 「일상 파고든 과도한 'PC 운동'…미국인들은 피곤하다」,『조선일보』, 2018년 10월 17일.

54 권준영, 「김디모데 목사, '김건희 씨'라 부르며 정치 발언…"빈곤 포르노, 여성 비하 막말 아냐"」,『디지털타임스』, 2022년 11월 16일.

55 권준영, 「김건희 여사 때렸던 긴디모데 목사, 임은징 검사 응원…"얼마나 힘드셨을까"」,『디지털타임스』, 2022년 11월 20일.

56 강준만, 「제3장 '정치적 올바름'의 생명은 겸손이다」,『정치적 올바름: 한국의 문화 전쟁』(인물과사상사, 2022), 83~101쪽 참고.

57 김소정, 「"이건 셀프 빈곤 포르노냐"…與 지지자들 장경태 영상 꺼냈다」,『조선일보』, 2022년 11월 16일.

58 홍수영, 「장경태 "김건희, 환아 방문 때 조명 설치"…대통령실 "사실무근"」,『동아일보』, 2022년 11월 20일.

59 이가영, 「'김건희 조명' 장경태가 말한 외신은 커뮤니티 글…작성자 "비겁하다"」,『조선일보』, 2022년 11월 21일.

60 「김건희 캄보디아 환아 방문에 대한 장경태 발언 논란」,『나무위키』.

61 최은경, 「신속한 백신 접종 요구에 與 장경태 "마루타적 발상"」,『조선일보』, 2021년 1월 11일, A12면.

62   김아진, 「"백신 개발국 先접종 불가피" 말한 文…그런 나라는 미국 뿐」, 『조선일보』, 2020년 12월 23일, A3면.

제3장 증오를 위한 공감인가?

1   로버트 하그리브스(Robert Hargreaves), 오승훈 옮김, 『표현 자유의 역사』(시아출판사, 2002/2006), 97쪽.

2   김태현, 『세상의 통찰: 철학자들의 명언 500』(리텍콘텐츠, 2020), 28쪽.

3   필립 샌드블롬(Philip Sandblom), 박승숙 옮김, 『창조성과 고통: 위대한 예술가는 위대한 병자다』(아트북스, 1982/2003), 56~57쪽.

4   김태현, 『타인의 속마음, 심리학자들의 명언 700』(리텍콘텐츠, 2020), 108쪽.

5   김종혁, 『두 번 다시, 경험하고 싶지 않은 나라: 기대할 것 없는 정권, 기댈 곳 없는 국민』(백년동안, 2021), 67쪽.

6   임귀열, 「임귀열 영어」, 『한국일보』, 2010년 5월 19일.

7   Irving L. Janis, 『Groupthink: Psychological Studies of Policy Decisions and Fiascoes』, 2nd ed.(Boston, Mass.: Houghton Mifflin Co., 1982), p.3.

8   존 캐서디(John Cassidy), 이경남 옮김, 『시장의 배반』(민음사, 2009/2011), 231쪽.

9   마크 뷰캐넌(Mark Buchanan), 김희봉 옮김, 『사회적 원자: 세상만사를 명쾌하게 해명하는 사회물리학의 세계』(사이언스북스, 2007/2010), 199쪽.

10   조너선 색스(Jonathan Sacks), 서대경 옮김, 『사회의 재창조: 함께 만들어가는 세상을 찾아서』(말글빛냄, 2007/2009), 103쪽.

11   에릭 호퍼(Eric Hoffer), 이민아 옮김, 『맹신자들: 대중운동의 본질에 관한 125가지 단상』(궁리, 1951/2011), 136, 138쪽.

12   이는 고대 그리스 철학자 아리스토텔레스(Aristotle, B.C.384~B. C.322)의 말이다. 최현석, 『인간의 모든 감정: 우리는 왜 슬프고 기쁘고 사랑하고 분노하는가』(서해문집, 2011), 17쪽; 윌러드 게일린

(Willard Gaylin), 신동근 옮김, 『증오: 테러리스트의 탄생』(황금가지, 2003/2009), 49쪽.

13 에릭 호퍼(Eric Hoffer), 이민아 옮김, 『맹신자들: 대중운동의 본질에 관한 125가지 단상』(궁리, 1951/2011), 146~147쪽.

14 짐 로저스(Jim Rogers), 이건 옮김, 『세계경제의 메가트렌드에 주목하라』(이레미디어, 2013/2014), 162쪽.

15 박태근, 「"전용기 추락하길"…尹 겨냥 글 올린 신부 논란」, 『동아일보』, 2022년 11월 14일.

16 김갑식, 「'尹 전용기 추락 기원' 천주교 신부 직무정지 처분」, 『동아일보』, 2022년 11월 16일.

17 에즈라 클라인(Ezra Klein), 황성연 옮김, 『우리는 왜 서로를 미워하는가』(윌북, 2020/2022), 112~113쪽.

18 "갈등은 '민주주의의 위대한 엔진'이다"는 말은 미국 정치학자 샤츠슈나이더(E. E. Schattschneider, 1892~1971)의 것이다. 정치학자 최장집의 해설에 따르자면, "일반 시민이 정치에 관심을 갖고 참여하도록 만드는 길은 그들의 이해관계에 영향을 미치는 갈등, 결국 우리 사회의 중심 균열을 정치적으로 동원하고 조직하는 것"이기 때문이다. 이게 바로 '갈등의 사회화'인데, 문제는 보다 높은 서열을 차지하기 위한 '갈등의 사유화(privatization of conflict)'다. 샤츠슈나이더는 정치 엘리트들이 한 사회의 지배적 갈등을 배제하고 자신들의 당선과 재선에 유리한 갈등만을 선택적으로 동원하는 행태를 가리켜 '갈등의 사유화'라고 했다. 최장집, 『민주화 이후의 민주주의: 한국 민주주의의 보수적 기원과 위기』(후마니타스, 2002), 209~213쪽.

19 아만다 리플리(Amanda Ripley), 김동규 옮김, 『극한 갈등: 분노와 증오의 블랙홀에서 살아남는 법』(세종, 2021/2022), 17~18, 33쪽.

20 홍영림, 「90%가 빠진 '비호감의 늪'」, 『조선일보』, 2022년 12월 6일.

21 로버트 퍼트넘(Robert D. Putnam)·셰일린 롬니 가렛(Shaylyn Romney Garrett), 이종인 옮김, 『업스윙: 나 홀로 사회인가 우리 함께 사회인가』(페이퍼로드, 2020/2022), 149~151쪽.

22 강우량, 「보수예요 진보예요? 2030 데이트 할 때 이 질문 하는 이

유」, 『조선일보』, 2022년 6월 30일; 배성규, 「[만물상] 연애도 정치화」, 『조선일보』, 2022년 7월 1일.

23 홍영림, 「20대 절반 "지지 정당 다른 사람과는 연애도 결혼도 힘들어"」, 『조선일보』, 2023년 1월 3일.

24 임민혁, 「국민 40%가 "정치 성향 다르면 밥도 먹기 싫다": [하나의 나라, 두 쪽 난 국민] [1] 일상까지 파고든 정치 양극화」, 『조선일보』, 2023년 1월 3일.

25 버트런드 러셀(Bertrand Russell), 송은경 옮김, 『게으름에 대한 찬양』(사회평론, 1935/1997), 99쪽.

26 샐리 콘(Sally Kohn), 장선하 옮김, 『왜 반대편을 증오하는가: 인간은 왜 질투하고 혐오하는가』(에포케, 2018/2020), 91쪽.

27 윌러드 게일린(Willard Gaylin), 신동근 옮김, 『증오: 테러리스트의 탄생』(황금가지, 2003/2009), 216쪽.

28 카롤린 엠케(Carolin Emcke), 정지인 옮김, 『혐오 사회: 증오는 어떻게 전염되고 확산되는가』(다산초당, 2016/2017), 17~18쪽.

29 라우라 비스뵈크(Laura Wiesböck), 장혜경 옮김, 『내 안의 차별주의자: 보통 사람들의 욕망에 숨어든 차별적 시선』(심플라이프, 2018/2020), 228~229쪽.

30 샐리 콘(Sally Kohn), 장선하 옮김, 『왜 반대편을 증오하는가: 인간은 왜 질투하고 혐오하는가』(에포케, 2018/2020), 315쪽.

31 노회찬·구영식, 『대한민국 진보, 어디로 가는가: 노회찬, 작심하고 말하다』(비아북, 2014), 30쪽.

32 유창선, 『나를 찾는 시간: 나이 든다는 것은 생각만큼 슬프지 않다』(새빛, 2022), 4쪽.

33 샐리 콘(Sally Kohn), 장선하 옮김, 『왜 반대편을 증오하는가: 인간은 왜 질투하고 혐오하는가』(에포케, 2018/2020), 35쪽.

34 윤희영, 「[윤희영의 News English] 인종차별주의에 관한 말·말·말」, 『조선일보』, 2020년 6월 16일, A33면; Peggy Anderson, ed., 『Great Quotes from Great Leaders』(Franklin Lakes, NJ: Career Press, 1997), p.13.

35 폴 블룸(Paul Bloom), 이은진 옮김, 『공감의 배신: 아직도 공감이

선하다고 믿는 당신에게』(시공사, 2016/2019), 250쪽.

36 프리츠 브라이트하우프트(Fritz Breithaupt), 두행숙 옮김, 『나도 그
    렇게 생각한다: 공감의 두 얼굴』(소소의책, 2017/2019), 118쪽.

37 프리츠 브라이트하우프트(Fritz Breithaupt), 두행숙 옮김, 『나도 그
    렇게 생각한다: 공감의 두 얼굴』(소소의책, 2017/2019), 125~
    126, 129쪽.

38 장대익, 『공감의 반경: 느낌의 공동체에서 사고의 공동체로』(바다출
    판사, 2022), 20~21쪽.

39 장대익, 『공감의 반경: 느낌의 공동체에서 사고의 공동체로』(바다출
    판사, 2022), 34쪽.

40 장대익, 『공감의 반경: 느낌의 공동체에서 사고의 공동체로』(바다출
    판사, 2022), 49쪽.

41 『이상한 정상가족](2017)의 저자 김희경은 핑커의 주장에 지지를
    표하면서 다음과 같이 주장한다. "사람에게 해서는 안 될 짓의 선을
    정하는 게 먼저다. 다른 사람의 입장에서 상상해보는 공감의 감수성
    을 높이려는 노력은 물론 필요하지만 이를 개인의 도덕적 과제, 감
    성의 영역으로만 남겨두어선 안 된다.……역지사지하고 공감하는
    능력보다 사적 관계에선 예의, 공적 관계에선 정책과 제도가 우리
    의 공존을 기능하게 해주는, 더 인간적인 장치다." 김희경, 『이상한
    정상가족: 자율적 개인과 열린 공동체를 그리며』(동아시아, 2017),
    256~257쪽.

42 폴 블룸(Paul Bloom), 이은진 옮김, 『공감의 배신: 아직도 공감이
    선하다고 믿는 당신에게』(시공사, 2016/2019), 21쪽.

43 폴 블룸(Paul Bloom), 이은진 옮김, 『공감의 배신: 아직도 공감이
    선하다고 믿는 당신에게』(시공사, 2016/2019), 69~70쪽.

44 뤼트허르 브레흐만(Rutger Bregman), 조현욱 옮김, 『휴먼 카
    인드: 감춰진 인간 본성에서 찾은 희망의 연대기』(인플루엔셜,
    2019/2021), 302쪽.

45 뤼트허르 브레흐만(Rutger Bregman), 조현욱 옮김, 『휴먼 카
    인드: 감춰진 인간 본성에서 찾은 희망의 연대기』(인플루엔셜,
    2019/2021), 303~304쪽.

46 뤼트허르 브레흐만(Rutger Bregman), 조현욱 옮김, 『휴먼 카인
    드: 감춰진 인간 본성에서 찾은 희망의 연대기』(인플루엔셜, 2019/
    2021), 304쪽.

47 Walter Lippmann, 『Public Opinion』(New York: Free Press,
    1922/1965), pp.226~229.

48 장대익, 『공감의 반경: 느낌의 공동체에서 사고의 공동체로』(바다출
    판사, 2022), 54~55쪽.

제4장 바보야, 문제는 '성격'이야!

1   강준만, 「제1장 발칙한 이준석: 시험대 위에 오른 "싸가지 면책특
    권"」, 『THE인물과사상 2』(인물과사상사, 2021), 15~74쪽; 강
    준만, 「이준석의 영악한 '치킨 게임'」, 『좀비 정치』(인물과사상사,
    2022), 90~101쪽 참고.

2   신진욱, 『그런 세대는 없다: 불평등 시대의 세대와 정치 이야기』(개
    마고원, 2022), 57, 165, 215쪽.

3   최진렬, 「"이준석이 이대남 선동? 이대남이 국민의힘 길들였다"」,
    『주간동아』, 2022년 3월 19일.

4   강준만, 「왜 "먹고 싶은 요리 다 시켜! 난 짜장면"이라 말하는 직장
    상사가 많은가?: 이중구속」, 『생각과 착각: 세상을 꿰뚫는 50가지
    이론 5』(인물과사상사, 2016), 91~98쪽 참고.

5   이현, 「[시선 2035] 툭하면 2030세대론」, 『중앙일보』, 2018년 1월
    24일.

6   김은중, 「與 부대변인, 이준석에 "히틀러의 향기가 난다"」, 『조선일
    보』, 2021년 5월 31일.

7   최규민, 「유인태 "이준석 돌풍에 여권 내부서 '대권 끝났다'는 위기
    감"」, 『조선일보』, 2021년 5월 31일.

8   이지용 외, 「與 내홍에 지지율 역전…李, 尹 마중 나가 '구애'」, 『매일
    경제』, 2022년 7월 1일.

9   한기호, 「이준석 '징계 찬성론' 과반, 국힘 지지층서도 앞서…'2030'
    중 30대도 빨간불」, 『디지털타임스』, 2022년 7월 1일; 김디영, 「이

준석 '국힘 윤리위 징계'…찬성 53.8% vs 반대 17.7%」, 『중앙일보』, 2022년 7월 2일; 박세열, 「이준석 징계해야 53.8%…국민의힘 지지자들만 조사했을 땐 "징계 신중해야" 58%」, 『프레시안』, 2022년 7월 2일.

10 성한용, 「"이준석 진짜 가만두면 안 된다"…토사구팽 뒤 '윤핵관 시대' 올까」, 『한겨레』, 2022년 7월 2일.

11 김창균, 「이준석 정치, '보약' 대신 '독약'으로 기억될 건가」, 『조선일보』, 2021년 12월 30일.

12 김명일, 「이재명 "정치 끝내기엔 아직 너무 젊다…부동산 잘못한 것 인정"」, 『조선일보』, 2022년 3월 5일.

13 김희원, 「이준석 징계의 나쁜 유산」, 『한국일보』, 2022년 7월 7일.

14 강준만, 「제1장 발칙한 이준석: 시험대 위에 오른 "싸가지 면책특권"」, 『THE인물과사상 2』(인물과사상사, 2021), 15~74쪽; 강준만, 「'이대남'과 페미니즘의 화해를 위하여」, 『정치 전쟁: 2022년 대선과 진보의 자해극』(인물과사상사, 2022), 35~51쪽 참고.

15 김경희, 「[미디어토마토] 국민 52.9% "여권 위기는 尹 책임"…보수층 답변은 달랐다」, 『중앙일보』, 2022년 8월 5일.

16 김희원, 「이준석 징계의 나쁜 유산」, 『한국일보』, 2022년 7월 7일.

17 현일훈·윤성민, 「윤식열 "갈등 없다" 한 날, 이준석 "윤 되면 지구 뜰 것" 영상 돌아」, 『중앙일보』, 2021년 8월 12일.

18 안혜리, 「"윤핵관은 윤석열"…이준석이 작년 말 내비친 뜻밖의 속내」, 『중앙일보』, 2022년 7월 28일.

19 두가온, 「이준석 "尹 모델하우스 금 수도꼭지…분양 받아보니 녹슨 수도꼭지"」, 『동아일보』, 2022년 8월 18일.

20 김승재, 「이준석 "尹 지지율 하락, 내가 역할하면 20일이면 해결"」, 『조선일보』, 2022년 7월 3일.

21 오연서, 「이준석 '독설 난사' 프로게이머 닮았다…상대가 쓰러질 때까지」, 『한겨레』, 2022년 8월 23일.

22 김승재, 「김영환 "이준석, 野 열광적 지지받는 與 대표…이중생활 끝내야"」, 『조선일보』, 2022년 8월 27일.

23 인현우, 「가처분 결정 본 금태섭 "국힘의 완패, 정치의 완패"」, 『한국

일보』, 2022년 8월 26일.

24 주형식, 「이준석 "대통령 지도력 위기…조직에 충성하는 국힘 불태워야"」, 『조선일보』, 2022년 8월 13일.

25 윤성민, 「[현장에서] 욕도 선당후사도 '내가 하는 건 괜찮다'…이준석의 내로남불」, 『중앙일보』, 2022년 8월 18일.

26 이해준·성지원, 「[수락연설 전문] 이준석 "대선 승리 지상 과제…다양한 대선 주자들과 공존하는 당 만들 것"」, 『중앙일보』, 2021년 6월 11일.

27 이보람, 「이준석, 친윤계 '휴전선 위 악당들 北'에 빗대 "집단적 폭력"」, 『중앙일보』, 2022년 9월 30일.

28 오남석, 「홍준표, '이××저×× 소리' 주장 이준석에 "왜 욕먹었나 생각해보길"」, 『문화일보』, 2022년 8월 13일.

제5장 위선과 사기가 난무하는 '지방 문제'

1 박경만, 「속도 내는 GTX…'교통 혁명'인가 '수도권 블랙홀'인가」, 『한겨레』, 2018년 12월 18일.

2 강갑생, 「집값 부담 덜어주겠다던 GTX…이젠 부동산 시장 '태풍의 눈'」, 『중앙일보』, 2021년 4월 27일.

3 김회승, 「[편집국에서] 대선후보들한테 듣고 싶은 이야기」, 『한겨레』, 2021년 7월 6일.

4 박종성, 「차라리 '지역균형발전은 없다'고 말하라」, 『경향신문』, 2022년 2월 9일.

5 엘리사 레위스(Elisa Lewis)·로맹 슬리틴(Romain Slitine), 임상훈 옮김, 『시민 쿠데타: 우리가 뽑은 대표는 왜 늘 우리를 배신하는가?』(아르테, 2016/2017), 59쪽.

6 엘리아스 카네티(Elias Canetti), 강두식 옮김, 『군중과 권력』(주우, 1960/1982), 187~188쪽.

7 레베카 코스타(Rebecca Costa), 장세현 옮김, 『지금, 경계선에서: 오래된 믿음에 대한 낯선 성찰』(쌤앤파커스, 2010/2011), 130~131쪽.

8 안현주, 「[6·1 지방선거 결산] 충격의 37.7%…민주당 염증 극에
달했다」, 『무등일보』, 2022년 6월 2일.

9 민형배, 『광주의 권력: 민주화의 성지에서 민주주의 정원으로』(단
비, 2017), 33쪽.

10 민형배, 『자치가 진보다』(메디치, 2013), 10쪽.

11 민형배, 『자치가 진보다』(메디치, 2013), 10~11, 16쪽.

12 강준만, 「왜 네거티브 공방은 선거의 본질이 되었는가?: 부정성 편
향」, 『감정 동물: 세상을 꿰뚫는 이론 6』(인물과사상사, 2017), 265
~272쪽 참고.

13 마이클 셔드슨(Michael Schudson), 이강형 옮김, 『뉴스의 사회학』
(한국언론진흥재단, 2011/2014), 63쪽.

14 강준만, 「지역언론의 활성화는 가능한가?: 지역에서의 '넛지-솔루션
저널리즘'을 위한 제언」, 『사회과학연구』, 58집 1호(2019년 6월),
247~279쪽 참고.

15 파하드 만주(Farhad Manjoo), 권혜정 옮김, 『이기적 진실: 객관성
이 춤추는 시대의 보고서』(비즈앤비즈, 2008/2014), 199쪽.

16 에릭 우슬러너(Eric M. Uslaner), 박수철 옮김, 『신뢰의 힘: 신뢰의
도덕적 토대』(오늘의책, 2010/2013), 58쪽.

17 2015년에 한 말이다. 이와 관련, 그는 2013년 TED 강연에선 이렇
게 말했다, "똑똑하게 신뢰하고 똑똑하게 신뢰하지 않는 것이 이번
생의 적절한 목표다. 애초에 중요한 것은 신뢰(trust)가 아니라 신뢰
성(trustworthiness)이다. 특정 측면에서 얼마나 신뢰할 만한 사람
인지 판단하는 것이 핵심이다." 레이첼 보츠먼(Rachel Botsman),
문희경 옮김, 『신뢰 이동: 관계·제도·플랫폼을 넘어, 누구를 믿을
것인가』(흐름출판, 2017/2019), 182~184쪽.

18 엘리엇 킹(Elliot Ling), 김대경 옮김, 『무료 뉴스: 인터넷은 저널리
즘을 어떻게 바꾸었나?』(커뮤니케이션북스, 2010/2012), 254쪽;
켄 닥터(Ken Doctor), 유영희 옮김, 『뉴스의 종말: 경제의 눈으
로 본 미디어의 미래』(21세기북스, 2010), 131쪽; 엘리 패리저(Eli
Pariser), 이현숙·이정태 옮김, 『생각 조종자들』(알키, 2011), 68쪽;
윌리엄 데이비도우(William H. Davidow), 김동규 옮김, 『과잉연결

시대: 일상이 된 인터넷, 그 이면에선 어떤 일이 벌어지는가』(수이북스, 2011), 201쪽; Charles Leadbeater, 『We-Think: Mass Innovation, Not Mass Production』(London: Profile Books, 2009), p.3.

19 레이철 보츠먼(Rachel Botsman)·루 로저스(Roo Rogers), 이은진 옮김, 『위 제너레이션』(모멘텀, 2010/2011), 178~180쪽.

20 레이철 보츠먼(Rachel Botsman)·루 로저스(Roo Rogers), 이은진 옮김, 『위 제너레이션』(모멘텀, 2010/2011), 271~272쪽.

제6장 언론인으로 살아가기 어려운 세상

1 김을한, 『한국신문사화』(탐구당, 1975), 297~298쪽.

2 「[사설] 부끄러움 모르는 언론계의 '산업 스파이'들」, 『한겨레』, 2007년 7월 23일.

3 「[사설] 현직 앵커들의 대선 캠프 직행, 언론 신뢰도는 안중에 없나」, 『경향신문』, 2022년 1월 19일.

4 김석종, 「검색의 시대」, 『경향신문』, 2015년 3월 30일.

5 김영희, 「혐오에 가까운 '디지털 괴롭힘', 현장 기자들에게 물었다」, 『한겨레』, 2022년 2월 11일.

6 제임스 볼(James Ball), 김선영 옮김, 『개소리는 어떻게 세상을 정복했는가: 진실보다 강한 탈진실의 힘』(다산초당, 2017/2020), 347~348쪽.

7 헬렌 토머스(Helen Thomas), 한국여성언론인연합 공역, 『백악관의 맨 앞줄에서』(답게, 1999/2000), 145쪽.

8 강준만, 「왜 신문 1면과 사회면 머리기사의 80%가 '관급 기사'인가?: 발표 저널리즘」, 『소통의 무기: 일상의 '왜'에 답하는 커뮤니케이션 이론』(개마고원, 2017), 254~260쪽 참고.

9 강준만, 「왜 친구가 해준 소개팅은 번번이 실패할까?: 약한 연결의 힘」, 『독선 사회: 세상을 꿰뚫는 50가지 이론 4』(인물과사상사, 2015), 230~235쪽 참고.

10 샐리 콘(Sally Kohn), 장선하 옮김, 『왜 반대편을 증오하는가: 인간

은 왜 질투하고 혐오하는가』(에포케, 2018/2020), 37쪽.

11 샐리 콘(Sally Kohn), 장선하 옮김, 『왜 반대편을 증오하는가: 인간
은 왜 질투하고 혐오하는가』(에포케, 2018/2020), 43, 64쪽.

12 김지훈, 「금태섭 "철수한테 가라" 새벽 문자에 "일찍 일어나셨네
요"」, 『뉴시스』, 2020년 2월 12일.

13 김방현, 「"秋·尹 악취" 발언 뒤 욕설 문자 3,000통…이상민 "맷집
생겼다"」, 『중앙일보』, 2021년 3월 17일.

14 드루 웨스턴(Drew Westen), 뉴스위크한국판 옮김, 『감성의 정치
학: 마음을 읽으면 정치가 보인다』(뉴스위크한국판, 2007), 300~
326쪽.

15 강준만, 「왜 네거티브 공방은 선거의 본질이 되었는가?: 부정성 편
향」, 『감정 동물: 세상을 꿰뚫는 이론 6』(인물과사상사, 2017), 265
~272쪽 참고.

16 송의달, 「"트럼프 또 대통령 됐으면…" CNN·NYT가 그리워하는 이
유」, 『조선일보』, 2021년 5월 21일; 성호준, 「"트럼프 때려 큰 성
장…언론은 쇼 비즈니스"」, 『중앙선데이』, 2021년 5월 29일.

공감의 비극

ⓒ 강준만, 2023

초판 1쇄 2023년 3월 20일 찍음
초판 1쇄 2023년 3월 24일 펴냄

지은이 | 강준만
펴낸이 | 강준우
기획 · 편집 | 박상문, 김슬기
디자인 | 최진영
마케팅 | 이태준
인쇄 · 제본 | (주)삼신문화

펴낸곳 | 인물과사상사
출판등록 | 제17-204호 1998년 3월 11일

주소 | (04037) 서울시 마포구 양화로7길 6-16 서교제일빌딩 3층
전화 | 02-325-6364
팩스 | 02-474-1413

www.inmul.co.kr | insa@inmul.co.kr

ISBN 978-89-5906-682-7 03300

값 15,000원